하나님의 아름다움을 바라보는 축복

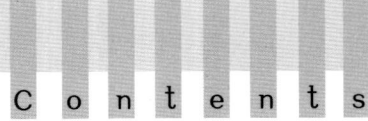

머리말 | 10

1 하나님 임재의 체험이 그리스도인에게 가장 중요한 이유 |
정결함 · 참 그리스도인의 삶 · 귀한 종
기도의 불 · 영적 지도자의 권면

2 하나님의 임재 | 19
하나님의 명백한 계시 · 하나님이 현현하는 영과의 보좌를 보는 것
육체가 죽는 것이 하나님의 임재에 들어 가는 것?
예수 그리스도와의 깊은 내적인 관계 · 나의 영안에 계시는 거룩하신 하나님

3 하나님의 임재를 체험한 성경 속 인물 | 26
야곱 · 모세 · 에스겔 · 다니엘 · 스데반 · 바울 · 사도 요한

● ● ● **하나님의 아름다움을 바라보는 축복**

4 하나님의 임재로 오는 축복 | 76
회개의 역사 · 부흥의 역사 · 하나님의 능력을 받음으로 나타나는 역사
경건한 삶과 담대한 복음전파 · 하나님의 음성을 들음
주님의 말씀대로 지키며 살게 하는 삶 · 자신의 모습에 대한 바른 인식
요동치지 않는 마음 · 평강의 하나님과의 동행 | 거룩함
놀라운 자유와 보호와 큰 위안 · 특별한 현상과 표증 · 기도의 응답과 열매

5 하나님의 임재를 체험한 사람들의 간증 | 106
예수의 데레사 · 성자 실루안 · 스미스 위글스워스 · 릭 조이너
베니 힌 · 마크 듀퐁 · 세자르 카스텔라노스
조지아 주, 한 여인의 하나님의 임재의 간증 · C집사의 간증

6 하나님의 임재 체험 원리 | 118
갈급함 · 더 가까이 · 회개와 기도 · 깊은 묵상과 친밀함으로 하는 기도
예수님을 향한 최고의 사랑 · 하나님 임재의 체험을 위한 모든 것

머리말

    하나님은 자신을 사모하는 사람들을 가장 사랑하십니다. 하나님께서는 그 분만을 사랑하고 사모하는 사람들에게 자신을 계시하십니다. 주님과 함께 거하며 그분을 깊이 체험하는 사람을 모른 체하지 않습니다. 아담과 함께하셨던 하나님께서는 예수 그리스도를 통하여 자신을 더 계시하셨습니다. 그 주님께서는 자신을 드러내는 것으로 만족하시는 것이 아니라 깊은 임재를 통해 역사하시길 원하십니다.

    하나님께서는 성경을 통하여 놀랍고 경이로운 임하심을 보여 주셨습니다. 그러나 하나님 원래의 목적과는 달리 귀한 것들이 상실되었습니다. 그럼에도 불구하고 극히 드물게 이런 아름답고 귀한 신앙의 삶을 누린 사람들이 있었습니다. 그러나 이런 감미롭고 은혜로운 영성생활을 하는 사람들을 귀하게 여기기보다 이단시하고 정죄하였습니다. 그래서 공개되지 않음으로 많은 사람들이 이러한 귀중한 것들을 누리지 못했습니다. 하지만 하나님께서는 언제까지 베일에 감추시지 않고 회복시키는 분이십니다.

지금은 영적인 흐름이 급속하게 변하고 있는 은총의 시대라는 것을 부인할 수 없습니다. 제가 몇 년 전에 '하나님의 임재', '하나님의 임재체험', '예수님을 깊이 체험', '하나님의 현존' 이라는 말씀을 전했을 때는 성도들이 이해하지 못했던 것 같습니다. 그러나 최근에 '하나님의 임재' 에 대한 책을 성도들에게 주었을 때 예기치 않은 반응에 감동을 받았습니다. 그래서 다시 새로운 마음으로 '하나님의 임재' 라는 주제로 여러 주일 설교를 하였습니다.

'하나님의 임재' 라는 주제로 처음 설교를 했을 때 여러 회중들이 아주 깊은 감동을 받았습니다. 그 감동으로 회중들은 설교동안과 후에 소리 내어 울거나 회개하는 일이 많았습니다. 또한 여러 사람들이 성전을 떠나지 않고 기도하고 있었습니다.

최근에는 '하나님의 임재' 를 새롭게 깨닫거나 '하나님의 임재가 무엇인가' 를 사모할 뿐만 아니라 하나님의 임재를 체험하는 사람들이 많아지고 있습니다. 그리고 어떤 이들은 자신이 요즈음 체험하는 이야기를 하면서 혹시 잘못된 것이 아닌가 하고 질문하는 사람도 있었습니다. 우리를 지극히 사랑하시는 하나님께서는 자신을 더 높이 계시하시며 하나님의 아름다움을 보게 하십니다. 하나님의 놀라운 은총으로 하나님의 임재의 부흥이 다시 일어나고 있습니다. 하나님은 어느 때보다 우리가 주의 얼굴을 구하기를 원하십니다.

나는 영적인 흐름을 깨달으면서 지금이 어느 때보다 하나님의 임재 안에 거하는 계절이라는 생각을 갖게 됩니다. 이러한 계절은 하나님이 주신 특별한 은총입니다. 이러한 은총을 더 많은 사람들에게 나누고자 하는 마음이 간절합니다. 이런 나의 중심의 마음으로 그동안 '하나님의 임재' 라는 주제로 정리한 글을 소개하게 되었습니다.

아직도 영성 사역에 부족한 부분이 많음에도 불구하고 용기와 믿음으로 '하나님의 임재' 에 관한 글을 여러분에게 나눕니다. 저의 간절한 마음은 많은 사람들이 하나님의 임재를 바로 알고 영적 유익과 축복을 누리기를 원합니다. 이 모든 것을 하나님께 영광 돌립니다.

하나님의 임재를 간절하게 사모하는 **허 철** 목사

01 하나님 임재의 체험이 그리스도인에게 가장 필요한 이유

그리스도인 가운데는 하나님께서 원하시지 않는 일을 하는 사람이 많이 있습니다. 하나님이 원하시지 않는 일은 위선과 형식주의와 물질주의 그리고 안주하거나 분주한 삶 등 입니다. 위선과 물질주의 욕망과 자신의 자리에 안주하려는 삶 또는 분주한 삶은 하나님께 초점을 맞추지 못하여 예수님의 형상을 닮을 수 없습니다. 예수 그리스도를 본받는 것이 우리의 목표가 되어야 합니다. 그리스도를 본받지 않으면 성령님을 근심하게 하며 하나님이 원하시는 삶을 살 수 없습니다. 우리가 살고 있는 시기를 분별하고 영적인 계절을 바로 알고 하나님이 원하시는 생명력이 있는 삶을 사는 것이 너무나 중요합니다.

영적인 삶을 살려고 할 때 중요한 것은 영적인 시기입니다. 그 시기는 점차적으로 성숙해져 가는 것을 느낍니다. 얼마 전에는 '성령의 기름부음의 시기' 였습니다. 그러나 요즈음은 '성령의 기름 부음과 함께 조금 더 나아가는 하나님의 임재의 시기' 라는 것을 깨닫게 되었습니다.

성령의 기름부음은 하나님의 영광의 세계에 들어가는 준비 작업입니다. 성령님을 사모하는 교회들은 기름부음에 초점을 두고 가르쳐 왔습니다. 그러나 지금은 하나님의 임재의 영광으로 옮겨지고 있습니다. 그러므로 하나님께서는 성전의 휘장을 지나 자신의 명백한 임재 안으로 들어오라고 우리를 부르고 있습니다. 하나님의 임재는 기름부음을 넘어서는 차원입니다.

그러므로 성령의 기름부음에서 하나님의 임재의 단계로 나아가야 합니다. 성령의 기름부음에서 멈추거나 안주할 것이 아니라 하나님의 영광의 단계인 하나님의 임재를 사모하며 그 임재의 깊은 영성의 세계 가운데 있어야 하겠습니다.

지금 나의 영적 생활에서 가장 원하는 소원은 영광에서 영광과 하나님의 임재 안에 거하는 것입니다. 나는 우리 그리스도인이 하나님 안에 거하는 임재의 삶을 살아야 한다고 가장 강조하고 싶습니다. 하나님 안에서 주님을 감지하고 그분의 임재가 우리 안에 머무는 삶이 가장 필요하며 중요하기 때문입니다.

릭 조이너 목사님은 하나님의 임재의 중요함을 이렇게 표현하였습니다. "오직 나의 임재 안에서 네가 이해할 수 있다. 너희가 내 안에 거할 때 오직 영광만을 볼 것이다."

하나님은 당신의 심령과 삶 속에 깊이 머물면서 젖어들기를 원합니다. 하나님은 당신의 삶 속에서 깊은 우물을 파실 수 있고 그 우물이 그분의 임재 안에서 능력과 영광의 원천이 됩니다. 하나님의 임재를 진정으로 체험한 사람이 타락하거나 주님을 반역하는 마음을 가질 수는 없습니다.

정결함

하나님이 임하실 때 우리는 정결해 집니다. 하나님의 임재의 모본을 보였던 프랭크 루박(Frank Laubach)은 예수님께서 임재하실 때 우리

의 마음이 깨끗해진다고 하였습니다.[1]

우리의 생각이 깨끗해집니다. 우리에게 그리스도가 임재하실 때, 매 순간 우리의 마음이 산 속 시냇물처럼 깨끗하기 때문입니다. 우리는 어떠한 형편에 처하든지 하루 종일 만족합니다. 주님께서 우리와 함께 계시기 때문입니다. "주께서 나와 함께 가시면 어디든지 가리라." 다른 사람들에게 그리스도에 대해 이야기 하기도 쉬워집니다. 우리 마음에 그리스도가 가득 차 있기 때문입니다. "마음에 가득한 것을 입으로 말하는 것입니다."

참 그리스도인의 삶

하나님을 만나는 깊은 체험으로 참 그리스도인의 삶을 살게 됩니다. 프랜시스 지팬은 다음과 같이 '하나님의 임재 경험'의 중요성을 역설하였습니다.[2]

기독교 교리를 단지 머리로 인정하는 것으로 만족할 수 없습니다. 그리스도의 살아 계신 임재를 경험하여 얻은 실체를 우리는 보고 싶고 접촉하고 싶고 그 안에서 살고 싶습니다. 그보다 덜한 것에 안착하는 순간에 우리의 기독교는 거짓이 되기 시작합니다.

귀한 종

하나님의 임재를 체험한 사람들은 하나님께 귀하게 쓰임을 받습니다.

---

1) 하나님의 임재 체험하기, 생명의 말씀사, 1996, p. 56)
2) 거룩과 진리와 하나님의 임재, 포도원출판사. P.82

지금 아프리카 모잠비크에서 선교 사역을 하고 있는 롤랜드와 하이디 베이커는 하나님의 임재를 체험한 이후에 사역의 놀라운 열매를 맺었습니다. 하나님의 임재를 체험하고 난 이후에 현재 6천여 개의 교회가 세워졌으며, 여러 가지 초자연적인 기적과 사역의 열매가 풍성하게 맺혔습니다. 롤랜드와 하이디 베이커 공동으로 집필한 **「항상 부족함이 없으리로다」**라는 책 마지막 부분에 "모든 풍성한 열매는 친밀함으로부터 흘러 나온다"라고 기술하였습니다. [3]

그분으로 하여금 당신을 사랑하게 하라. 그것은 우리가 생각하는 것보다 훨씬 더 간단하다. 지금이 당신 안에 두려움을 없애기 위해 그의 사랑에 의해 변화되어질 때이다. 그 분의 임재를 제외한 모든 것을 날려 버려라. 그의 사랑 안에 푹 빠져 있으라. 하나님은 열방이 변화되어질 때까지 영광중에서 그의 임재를 사람들에게 쏟아 부어 주실 것이다. 그 분은 강물처럼 혹은 대양처럼 자신의 사랑으로 넘쳐 나게 할 것이다. 그 분으로 하여금 당신에게 입 맞추게 하라… 어떤 사람들은 "우리도 그런 것 해 보았어요"라고 할지도 모른다. 하지만 이것은 매일 매일 해야 하는 것이다. 이것은 지속적인 내려놓음이다. 풍성한 모든 열매는 친밀함으로부터 흘러나온다. 그것을 얻을 수 있는 다른 장소는 없다. 우리가 예수님의 마음에 연합하는 정도에 따라서 하나님께서는 우리의 삶 속에 열매를 맺게 하실 것이다. 당신이 그 분과 사랑에 빠져 있는 깊이에 따라서 당신의 열매가 결정되어질 것이다…….

많은 그리스도인들이 지쳐있고, 많은 사역자들이 녹초가 되어버렸다. 가라, 가라, 일해라, 일해라. 이러한 것들을 잊어 버려라. 왜? 그렇게 해서는 많은 열매를 맺을 수 없기 때문이다. 하지만 당신이 그

---

3) 롤랜드, 하이디 베이커, 박선규 옮김. 순전한나드. pp. 197-199

분의 열정으로 가득 차 있을 때에는 열매가 풍성하게 맺힐 것이다.

저는 하이디 베이커 선교사 부부가 강사로 인도하고 사역하는 집회에 여러 번 참석하였습니다. 그때마다 독특하게 하나님의 임재 가운데 설교하는 모습을 보았습니다. 그 임재 가운데 많은 사람들에게 영향을 미치고, 성령의 놀라운 능력이 역사하는 것을 보았습니다.

기도의 불

하나님의 임재를 체험한 사람들은 기도의 불을 끄지 않습니다. 최근에 저는 모닝스타코리아저널을 읽는 가운데 감동된 글을 읽었습니다. 그것은 모라비안 교도들의 선교운동을 활발하게 한 근원이 하나님의 임재를 강력하게 체험한 이후였다는 사실입니다. 진젠돌프와 모라비안 교회가 하나님의 임재를 강력하게 체험한 그 후 100년 동안 24시간 기도의 모임이 계속되었습니다.

피츠 에반스(Pitts Evans)는 모라비안 교회의 발자취(The Footsteps of the Moravian Church)에 다음과 같이 기술하였습니다.[4]

> 강력한 성령의 임재가 헤른허트에 임했다. 그들은 1727년 여름에 이러한 하나님의 특별한 은총이 쏟아 부어지는 것을 경험하기 시작했다.
> 1727년 8월 10일, 주일 예배를 드리고 있는 동안에 예배 인도 목사님과 모든 성도들은 하나님의 엄청난 임재에 압도되었다. 목사님과 모든 성도들은 하나님의 강력한 손의 능력으로 인하여 모두 바닥

---

4) 모닝스타코리아 저널 7호, 순전한 나드
5) Hyatt, p. 104

14 하나님의 아름다움을 바라보는 축복

에 쓰러졌다.⁵⁾ 그 이틀 후 1727년 8월 12일에, 헤른허트에서 성찬 예배를 드리고 있던 이 젊은 독일 백작의 삶과 모라비안 교회는 영원히 변화되었다. 정확히 무슨 일이 일어났는지에 대한 설명이 다양하기는 하지만, 성령님의 강력한 임재가 있었다는 것에는 모두 동의한다. 1727년 8월 12일에 있었던 성령 강림에 대해 말할 때에, 진젠돌프는 다음과 같이 우리에게 들려준다:

"그리스도가 바로 옆에 있다는 느낌이 참석한 모든 자들 위에 순간적으로 임했다. 이 임재 의식은 너무도 강력했기 때문에 이 모임이 진행되어지고 있는 것을 모르고 20마일정도 떨어진 직장에서 일하고 있던 두 명의 성도들도 동시에 똑같은 축복을 경험할 수 있었다."

100년 기도 모임(The Hundred Year Prayer Meeting)

1727년 여름에 일어난 그러한 강력한 성령의 임재는 그 후로도 약해지거나 사라지지 않았다… 24시간 동안 돌아가면서 끊임없이 하늘 보좌로 나아가는 이 기도 운동에 참여하려는 열정이 교회 역사가들에 의해서 "100년 기도 운동"⁶⁾이라고 불리우는 것을 초래하였다… 1727년 8월에 시작하여 100년 이상 동안, 모라비안 형제들 혹은 자매들은 일주일 내내 그리고 하루 24시간 동안 번갈아 가면서 하나님 보좌 앞으로 나아가는 이 기도 운동에 참여하였다. 모라비안 형제들 사이에서 이 기도 운동은 "매 시간마다 드려지는 중보 기도"(Hourly Intercession)로 알려졌다.

영적 지도자의 권면

마지막으로 하나님의 임재의 체험과 축복을 누리는 영적 지도자들이

---

6) Hyatt, pp. 105. 주목 : Hyatt는 진젠돌프의 일기 vol. pp.184-185로부터 인용하고 있다.

하나님의 임재의 중요성을 강조하고 권면하기 때문입니다.

하나님의 임재를 일상생활 속에서 실천하였던 브라더 로렌스는 '하나님의 임재를 실천하는 것'을 다음과 같이 강조하였습니다.[7]

> "내가 설교자라면, 다른 무엇보다도 그리스도의 임재 안에 거하는 일을 설교하겠습니다. 만일 세상 모든 사람들이 귀를 기울일 수 있게 할 수 있다면, 나는 주님의 임재를 실천하라고 충고하겠습니다. 이것이 대단히 필요하고 대단히 쉬운 것이라고 생각합니다.
> 오, 우리가 하나님의 임재를 가질 필요가 있다는 것을 깨닫는다면 얼마나 좋을까요! 모든 일에 있어서 주님의 도우심을 절실히 필요로 한다는 것을 알 수 있으면 좋을 텐데. 주님이 없는 우리가 얼마나 무기력한가를 진실로 알 수 있다면, 우리는 결코 한 순간도 주님에게서 눈을 떼지 않을 것입니다."

하나님의 임재 안에 거하는 행위 없이 그리스도인의 삶을 살 수 있다는 것은 나로서는 상상도 할 수 없는 일입니다. 나는 그분과 함께 내 영혼의 중심에 거하는 시간을 내가 할 수 있는 한 많이 가집니다. 주님과 함께 있는 동안에는 아무것도 두려워하지 않습니다. 그렇지만 내 편에서 조금이라도 주님으로부터 멀어지면 고립무원의 상태가 됩니다.

하나님께서는 전적으로 그리고 온전히 하나님께 드려지기를 원하는 그리스도인들이 하나님 한 분 외에 다른 곳에서 쾌락을 얻는 것을 허용하지 않으십니다. 이것이 지극히 당연한 사실입니다. 어떠한 어려움이 닥치더라도 죽을 때까지 이 일을 지속하기로 결심하십시오.

우리 세대에 하나님의 임재를 가장 많이 강조하고 있는 토미 테니 목사님은 자신이 친히 주님의 임재를 체험한 후 명백한 임재로 들어 갈 것

---

7) 하나님의 임재 체험하기, pp. 84-85, 86

을 권면하였습니다.[8]

"많은 그리스도인들이 오늘 나와 같은 자리에 있을지 모른다. 나는 임재 없는 교회 예배에 너무 많이 참석했다. 무력한 성가대 찬송을 너무 많이 들었다. 나 자신의 사역에도 이골이 난다! 기름부음은 혹 있었을지 몰라도, 모두가 갈망하는 하나님 임재로 이끌지는 못한 설교를 나는 너무 많이 했다. 내 딴에는 아는 대로 최선을 다했지만 기껏해야 그분의 희미한 냄새를 쥐어짜는 것이 고작이었다. 측량할 수 없이 더 좋고 강한 것을 그저 변죽만 울렸던 것이다. 기름부음 아래 내가 살 수 있었던 것은 휘장의 엉뚱한 쪽에서 연기나 피우는 정도였다. 진정 우리가 갈구하는 것은 휘장 안으로 기어 들어가 그분의 영광을 보는 것이었는데도 말이다. 나는 기름부음을 인해 감사드린다. 하지만 우리를 위해 하나님이 예비하신 것이 그 이상임을 안다.

바로 "그분 자신"이다. 나는 수십 년간 사역에 쩔쩔매며 애써왔다. 그러나 하나님의 묵직한 임재가 임하면 내가 할 수 있는 모든 일은 무색해진다는 것을 비로소 깨달았다. 하나님이 명백한 임재가 현장에 임하시면 모든 사람, 죄인과 성도, 부자와 가난한 자, 똑똑한 자와 우매한 자, 청년과 노인 할 것 없이 그야말로 모든 사람이 엎드려 그분의 영광을 두려워한다. 우리는 기름부음을 구하는 자리에서 그분의 명백한 임재 즉 영광을 구하는 자리로 옮겨가야 한다."

하나님이 진정으로 원하시는 것은 그 분 앞에 나와서 그분과 가깝고도 친밀한 만남을 갖는 것입니다. 대다수 그리스도인들은 하나님이 내주하시는 임재를 제대로 느끼지 못합니다. 그러나 우리는 하나님의 임재를 체험하며 하나님께서 베푸시는 특별한 은총을 받아야 합니다. 나는 어느

---

8) 하나님 당신을 갈망합니다(The God Chasers), 두란노 윤종석 옮김, 2002, p.122

때보다 하나님의 임재 가운데 거하는 것을 사모하고, 주님의 사랑의 품 속으로 들어가기를 원합니다. 그 임재 안에서 안식과 힘 그리고 격려, 회복, 안전을 받습니다. 이런 임재의 축복을 즐거워하는 것입니다. 다윗은 이런 고백을 하였습니다. **"이러므로 내 마음이 기쁘고 내 영광도 즐거워하며 내 육체도 안전히 거하리니"(시 16:9)**

잔느 귀용은 하나님 안에 거하는 축복을 목회자들에게 다음과 같이 권면하였습니다.[9]

> "사랑하는 여러분, 하나님 안에서 안식을 누리십시오. 그러면 당신의 행동들은 전보다 훨씬 나아질 뿐만 아니라, 평화로워질 것입니다. 그리고 평화롭게 행동하면 할수록 당신은 더 많은 것을 성취하게 될 것입니다. 왜냐하면 하나님께서 당신의 행위를 지도하시기 때문입니다… 성도들이 하나님의 임재를 충분히 경험할 수 있도록 가르치십시오. 이런 일을 위해 수고하는 일꾼은 하나님과 달콤한 연합을 맛보게 될 것입니다. 물론 그 사람의 육체는 노동에 지쳐 피곤하겠지만, 마음과 영혼은 새 힘을 얻게 될 것입니다. 뿐만 아니라 모든 죄와 유혹은 일순간 사라지고 성령에 민감한 사람이 될 것입니다."

나는 임재의 필요함을 더 새롭게 느끼고 있습니다. 힘들고 피곤할 때 오히려 하나님의 임재로 들어가기 위해 모든 일을 멈추고 주님 앞에 나갈 때 안식과 성령의 인도하심을 받습니다.

믿음의 본을 보인 신실한 그리스도인들, 하나님의 은혜로 크게 쓰임 받은 사람들의 가장 두드러진 특징과 특색은 하나님의 임재를 체험하고 항상 하나님의 임재를 사모한 사람들입니다.

---

9) 하나님의 경험하는 기도, NCD, pp.91. 106

하나님의 임재

하나님의 명백한 계시

토미 테니 목사는 하나님의 임재란 무엇인가를 다음과 같이 설명하였습니다.[10]

"…내가 하나님의 임재를 갈망하고 배고파한다고 주장하는 임재란, 우주만물 어디에 계시는 존재가 아니라 우리 앞에 뚜렷하게 그 모습을 나타내시는 하나님의 존재를 의미한다."

토미 테니는 '무소부재'와 '임재'의 차이를 설명하면서 하나님의 임재에 대하여 다음과 같이 설명하였습니다.

여기서 하나님의 '무소부재'와 '명백한 임재'의 차이가 확연히 드러난다. 하나님의 무소부재란 그분이 어디에나 항상 계시다는 사실을

---

10) 하나님 당신을 갈망합니다. pp. 59,60

가리키는 말이다… 그러나 하나님이 어디에나 항상 계심에도 불구하고, 그분의 존재가 특정한 때와 장소에 집중적으로 임하시는 경우가 있다. 많은 사람이 그것을 "하나님의 명백한 임재"라 부른다. 그럴 때 사람들은 하나님이 친히 "방 안에 들어와 계심"을 강하게 느낀다. 다시 말해 하나님은 정말 어디에나 항상 계시지만, 어느 특정 시기에는 "저기"보다 "여기"에 더 많이 계신다. 하나님은 다른 곳보다 한 곳에, 다른 때보다 한 시점에 자신을 더 강하게 집중하여 계시하실 때가 있다.

하나님이 현현하는 영광의 보좌를 보는 것

이사야 선지자는 성전에 여호와의 영광이 가득한 것을 보았습니다.

> 웃시야 왕의 죽던 해에 내가 본즉 주께서 높이 들린 보좌에 앉으셨는데 그 옷자락은 성전에 가득하였고 스랍들은 모셔 섰는데 각기 여섯 날개가 있어 그 둘로는 그 얼굴을 가리었고 그 둘로는 그 발을 가리었고 그 둘로는 날며 서로 창화하여 가로되 거룩하다 거룩하다 거룩하다 만군의 여호와여 그 영광이 온 땅에 충만하도다 이같이 창화하는 자의 소리로 인하여 문지방의 터가 요동하며 집에 연기가 충만한지라… 만군의 여호와이신 왕을 뵈었음이로다(사 6:1-5)

이사야는 하나님의 임재를 체험하였을 때 자신의 죄악을 고백하였습니다.(사 6:5)

> 그 때에 내가 말하되 화로다 나로 망하게 되었도다 나는 입술이 부정한 사람이요 입술이 부정한 백성 중에 거하면서 만군의 여호와이신

왕을 뵈었음이로다(사 6:5)

이사야가 죄를 고백하였을 때 하나님께서는 천사를 보내어 입을 정결케 하였습니다.

> 때에 그 스랍의 하나가 화저로 단에서 취한 바 핀 숯을 손에 가지고 내게로 날아와서 그것을 내 입에 대며 가로되 보라 이것이 네 입에 닿았으니 네 악이 제하여졌고 네 죄가 사하여 졌느니라 하더라 내가 또 주의 목소리를 들은즉 이르시되 내가 누구를 보내며 누가 우리를 위하여 갈꼬 그 때에 내가 가로되 내가 여기 있나이다 나를 보내소서 (사 6:6-8)

하나님의 임재를 체험하였을 때는 죄를 자백하고 하나님의 은혜로 사함을 받고 정결함을 받고 주님을 위해 쓰임을 받는 것입니다.
하나님의 임재를 체험한 이사야 선지자는 하나님의 부르심을 받고 이스라엘에 재난을 예고하고 회개를 촉구하였습니다.

> 그러므로 생소한 입술과 다른 방언으로 이 백성에게 말씀하시리라 전에 그들에게 이르시기를 이것이 너희 안식이요 이것이 너희 상쾌함이니 너희는 곤비한 자에게 안식을 주라 하셨으나 그들이 듣지 아니하였으므로 여호와께서 그들에게 말씀하시되 경계에 경계를 더하며 경계에 경계를 더하며 교훈에 교훈을 더하며 교훈에 교훈을 더하고 여기서도 조금, 저기서도 조금 하사 그들로 가다가 뒤로 넘어져 부러지며 걸리며 잡히게 하시리라 (사 28:11-13)

하나님의 임재가 있는 곳에는 그분의 보좌도 있고 하나님의 비밀을 볼 수 있습니다.

> 보좌 앞에 수정과 같은 유리 바다가 있고 보좌 가운데와 보좌 주위에 네 생물이 있는데 앞뒤에 눈이 가득하더라 그 첫째 생물은 사자 같고 그 둘째 생물은 송아지 같고 그 셋째 생물은 얼굴이 사람 같고 그 넷째 생물은 날아가는 독수리 같은데 네 생물이 각각 여섯 날개가 있고 그 안과 주위에 눈이 가득하더라 그들이 밤낮 쉬지 않고 이르기를 거룩하다 거룩하다 거룩하다 주 하나님 곧 전능하신 이여 전에도 계셨고 이제도 계시고 장차 오실 자라 하고(계 4:6-8)

하나님께 가까이 갈 때 우리의 보는 눈이 열려 하나님의 거룩하심을 보고 더욱 더 알게 됩니다. "거룩하다, 거룩하다, 거룩하다, 만군의 주 하나님"(계 4:8). 예수님은 나다나엘에게는 이렇게 말씀하셨습니다. "예수께서 대답하여 가라사대 내가 너를 무화과나무 아래서 보았다 하므로 믿느냐 이보다 더 큰 일을 보리라 또 가라사대 진실로 진실로 너희에게 이르노니 하늘이 열리고 하나님의 사자들이 인자 위에 오르락 내리락하는 것을 보리라 하시니라(요 1:50-51)"

하나님은 마음이 정결한 자에게 하늘의 비밀을 볼 수 있다고 하셨습니다(요 1:47, 51). "보라, 이는 참 이스라엘 사람이라 그 속에 간사한 것이 없도다… 하늘이 열리고 하나님의 사자들을 보리라." 하나님의 보좌를 보는 것, 만군의 여호와이신 왕을 뵈는 것이 하나님의 임재 체험입니다.

육체가 죽는 것이 하나님의 임재에 들어가는 것?

성경을 보면 누구든지 영광의 주님을 만난 사람은 그 앞에서 죽은 자

같이 되었습니다. 요한은 밧모 섬에서 영광의 주님을 보고 죽은 자같이 되었습니다. 마찬가지로 예수 그리스도를 정말로 만난 사람들은 두려워 크게 떨었습니다.

우리의 육신은 하나님의 영광을 가로 막습니다. 우리가 단에 죽어야 합니다. 우리가 기꺼이 죽는 만큼만 그분은 우리에게 가까이 오실 수 있습니다. 옛 자아의 본성이 죽었을 때 하나님의 얼굴을 봅니다. 옛 자아의 삶이 십자가에 못 박혀야만 살아 계신 하나님의 임재를 시작할 수 있습니다. 사람들에게 진정 필요한 것은 죽음을 통해 하나님의 영광과 임재와의 만남입니다. 모세는 성막에 들어갔을 때 얼굴에서 수건을 벗고 휘장을 지나 하나님의 빛나는 영광 속으로 걸어 들어갔습니다. 거기에서 영원한 생명의 빛 가운데서 하나님의 얼굴과 얼굴을 맞대고 이야기 하였습니다.

사도 바울은 하나님의 임재를 체험하고 항상 자신은 죽노라고 고백하였습니다. "형제들아 내가 그리스도 예수 우리 주 안에서 가진 바 너희에게 대한 나의 자랑을 두고 단언하노니 나는 날마다 죽노라"(고전 15:31).

예수 그리스도와의 깊은 내적인 관계

많은 그리스도인들은 자신이 예수님과 깊은 내적인 관계로 부르심을 입었다고 생각하지 않습니다. 그러나 우리가 분명히 알아야 할 것은 예수 그리스도와 깊은 관계로 부르심을 받고 더 깊은 체험의 자리로 나아가야 한다는 것입니다. 그래서 그 부르심에 순종하여 우리의 마음을 주님께로 향하고 나아가서, 마음으로 주님께 사랑을 표현할 뿐만 아니라 실제로 임재를 체험해야 할 것입니다.

나의 영안에 계시는 거룩하신 하나님

우리의 영 안에 하나님의 영이 계십니다. 나의 영안에 거룩하신 하나님이 임하시는 것이 하나님의 임재입니다. 히브리서 9장에 보면 "성령이 이로써 보이신 것은 첫 장막이 서 있을 동안에 성소에 들어가는 길이 아직 나타나지 아니한 것이라"(히 9:8)고 되어 있습니다.

이 말씀과 같이 하나님의 임재에 들어가는 길은 첫 장막(바깥 장막)에서는 하나님의 임재를 체험하지 못하고 성막 안에 있는 안쪽의 방에서 하나님의 임재를 체험합니다.

이 방에는 대제사장이 일 년에 한번 휘장을 통해서 들어갔습니다. 그때에는 자신과 백성의 죄를 대신하여 드린 피를 가지고 들어갔습니다.(히 9:7) 이 방에는 하나님의 분명한 임재가 거하고 있었습니다. 하나님은 "바깥 장막"에 계시지 않고 안쪽 방에 계셨습니다. 왜냐하면 바깥 장막에서는 살아 계신 하나님의 임재를 경험하는 일이 드물기 때문입니다.

여기에 대하여 프랜시스 프랜지팬 목사님은 성막의 안쪽 방과 바깥쪽 방을 우리의 안과 밖의 본성을 상징하는 것으로 보고, 그 영적인 의미를 다음과 같이 서술하였습니다.[11]

> 히브리 성막의 안쪽 방과 바깥쪽 방은 우리의 안과 밖의 본성을 상징합니다. 우리의 '바깥 장막'은 혼의 삶입니다. 혼은 인간의 생각과 감정 부분입니다. 혼이 관여하는 바깥 장막에서 우리의 관심은 외부 지향적입니다… 믿음으로 구원받았을지는 모르지만 경험적으로는 모릅니다. 하나님이 멀리 계신 것처럼 느껴집니다. 무수한 다른 의견들과 감정주의(또는 감정이 없는 것)와 교회의 질서나 종말론이나 예배의 형태에 대한 많은 혼돈만을 경험할 뿐입니다. 사람이 하나님 대신 환경에 의해 지배당하고 있는 한 그의 장막이 아직도

---
11) 거룩과 진리와 하나님의 임재, pp. 131-132

서 있습니다, 아무리 열심히 특심하게 보일지라도 바깥사람의 세력이 부서지지 않는 한, 그리고 하나님을 알고 예배하고 싶은 소원이 마음 속 깊은 곳에서 우러나지 않는 한, 성소로 가는 길은 숨기어져 있습니다.

히브리 장막과 인간의 본성을 계속해서 비교해 볼 때 성경에서 "지성소"라고 부르던 '안 장막'이 또한 있음을 알게 됩니다. 이 안 장막은 인간의 구성 요소 중 영의 면에 해당됩니다. 구약 시대의 성전에서 그랬던 것과 같이 신약 시대의 성전(성령이 그 안에 거하시는 인간)에서도 마찬가지입니다.

하나님의 임재는 나의 영혼이 내 안에 계시는 성령께로 향하기 시작하여, 점점 더 하나님께로 가까이 나아가면서 연합되어 완전히 하나님과 한 영이 되는 것입니다. 성령님은 우리 안의 깊은 곳에서 하나님의 일을 하시는 영, 예수 그리스도의 영이십니다. "성령이 친히 우리 영으로 더불어 우리가 하나님의 자녀인 것을 증거하시나니"(롬 8:16).

03 하나님의 임재를 체험한 성경 속 인물

야곱

야곱은 축복 받는 것을 가장 중요하게 여기는 사람이었습니다. 야곱은 하나님의 임재를 체험하기 전에 어떤 사람이었습니까?

형 에서를 두 번이나 속인 자

첫 번째는 형 에서가 들에서부터 돌아와서 심히 곤비할 때 팥죽으로 형의 장자의 명분을 샀습니다.

야곱이 죽을 쑤었더니 에서가 들에서부터 돌아와서 심히 곤비하여 야곱에게 이르되 내가 곤비하니 그 붉은 것을 나로 먹게 하라 한지라 그러므로 에서의 별명은 에돔이더라 야곱이 가로되 형의 장자의 명분을 오늘날 내게 팔라 에서가 가로되 내가 죽게 되었으니 이 장자의 명분이 내게 무엇이 유익하리요 야곱이 가로되 오늘 내게 맹세하라 에서가 맹세하고 장자의 명분을 야곱에게 판지라 야곱이 떡과 팥죽을 에서에게 주매 에서가 먹으며 마시고 일어나서 갔으니 에서가 장자의 명분을 경홀히 여김이었더라 (창 25:29-34).

여기서 우리가 보아야 할 것은 에서는 장자의 명분을 경홀히 여겼으나 야곱은 축복 받는 것을 무엇보다도 중요하게 여긴 것입니다. 에서는 영적 유산과 축복을 귀하게 여기지 아니하였으나 야곱은 귀하게 여겼습니다. 중요한 것은 우리는 하나님이 주신 영적 유산과 축복을 경홀히 여겨서는 안 된다는 것입니다.

어머니의 말씀에 순종하여 받은 축복

그 아이들이 장성하매 에서는 익숙한 사냥꾼인고로 들사람이 되고 야곱은 종용한 사람인고로 장막에 거하니 이삭은 에서의 사냥한 고기를 좋아하므로 그를 사랑하고 리브가는 야곱을 사랑하였더라 (창 25:27-28).

야곱의 부모인 이삭과 리브가는 편애하는 사람들이었습니다. 아버지 이삭은 에서를 사랑하고 어머니 리브가는 야곱를 사랑하였습니다. 또한 야곱은 어머니 리브가와 공모하여 아버지 이삭을 속이는 것을 두려워했지만 에서가 사냥하러 간 사이에 어머니의 말씀에 순종하여 축복의 기도를 받았습니다.

아버지께서 나를 만지실진대 내가 아버지께 속이는 자로 뵈일지라 복은 고사하고 저주를 받을까 하나이다 어미가 그에게 이르되 내 아들아 너의 져주는 내게로 돌리리니 내 말만 좇고 가서 가져오라(창 27:12-13).
이삭이 야곱에게 이르되 내 아들아 가까이 오라 네가 과연 내 아들 에서인지 아닌지 내가 너를 만지려 하노라 야곱이 그 아비 이삭에게 가까이 가니 이삭이 만지며 가로되 음성은 야곱의 음성이나 손은 에서의 손이로다 하며 그 손이 형 에서의 손과 같이 털이 있으므로 능히 분별치 못하고 축복하였더라 이삭이 가로되 네가 참 내 아들 에서냐 그가 대답하되 그러하니이다 이삭이 가로되 내게로 가져오라 내 아들의 사냥한 고기를 먹고 내 마음껏 네게 축복하리라 야곱이 그에게로 가져가매 그가 먹고 또 포도주를 가져가매 그가 마시고 그 아비 이삭이 그에게 이르되 내 아들아 가까이 와서 내게 입맞추라 그가 가까이 가서 그에게 입맞추니 아비가 그 옷의 향취를 맡고 그에게 축복하여 가로되 내 아들의 향취는 여호와의 복 주신 밭의 향취로다 하나님은 하늘의 이슬과 땅의 기름짐이며 풍성한 곡식과 포도주로 네게 주시기를 원하노라 만민이 너를 섬기고 열국이 네게 굴복하리니 네가 형제들의 주가 되고 네 어미의 아들들이 네게 굴복하며 네게 저주하는 자는 저주를 받고 네게 축복하는 자는 복을 받기를 원하노라(창 27:19-29).

리브가가 에서에게 베풀어질 축복을 야곱이 받게 하려고 취한 방법은 정당하지 못했습니다. 이삭의 육체적인 약점을 이용하여 그를 속인 것은 이삭에게 잘못한 일이었습니다. 또한 리브가가 야곱에게 속임수를 쓰도록 가르친 것 역시 야곱에게 잘못한 일이었습니다. 그러나 한편으로 그 목적은 선했습니다. 그 이유는 하나님께서 '큰 자는 어린 자를 섬기리라' 고 이미 말씀하셨기 때문입니다. 또 하나 에서는 이미 스스로 장자권을 팔아버려서 그 권리를 상실하였기 때문입니다.

한 걸음 더 나아가 에서가 자기의 장자권을 팔아버렸고 또한 이방 여자들과 결혼함으로써 이미 그 축복을 상실했다는 점을 말해주었다면, 이삭은 야곱에게 축복을 베풀어야 한다는 것을 납득했을 것이었습니다.

결혼에 대한 부모님 말씀에 순종

리브가가 이삭에게 이르되 내가 헷 사람의 딸들을 인하여 나의 생명을 싫어하거늘 야곱이 만일 이 땅의 딸들 곧 그들과 같은 헷 사람의 딸들 중에서 아내를 취하면 나의 생명이 내게 무슨 재미가 있으리이까 (창 27:46).

이삭이 야곱을 불러 그에게 축복하고 또 부탁하여 가로되 너는 가나안 사람의 딸들 중에서 아내를 취하지 말고 일어나 밧단아람으로 가서 너의 외조부 브두엘 집에 이르러 거기서 너의 외삼촌 라반의 딸 중에서 아내를 취하라 전능하신 하나님이 네게 복을 주어 너로 생육하고 번성케 하사 너로 여러 족속을 이루게 하시고 아브라함에게 허락하신 복을 네게 주시되 너와 함께 네 자손에게 주사 너로 하나님이 아브라함에게 주신 땅 곧 너의 우거하는 땅을 유업으로 받게 하시기를 원하노라 (창 28:1-4).

세 번의 하나님의 임재

첫 번째는 하란으로 가는 도중에 꿈을 통해 하나님의 임재를 체험하였습니다.

야곱이 브엘세바에서 떠나 하란으로 향하여 가더니 한 곳에 이르러는 해가 진지라 거기서 유숙하려고 그 곳의 한 돌을 취하여 베개하고 거기 누워 자더니 꿈에 본즉 사닥다리가 땅 위에 섰는데 그 꼭대기가 하늘에 닿았고 또 본즉 하나님의 사자가 그 위에서 오르락 내리락하고 또 본즉 여호와께서 그 위에 서서 가라사대 나는 여호와니 너의 조부 아브라함의 하나님이요 이삭의 하나님이라 너 누운 땅을 내가 너와 네 자손에게 주리니 네 자손이 땅의 티끌같이 되어서 동서 남북에 편만할지며 땅의 모든 족속이 너와 네 자손을 인하여 복을 얻으리라 내가 너와 함께 있어 네가 어디로 가든지 너를 지키며 너를 이끌어 이 땅으로 돌아오게 할지라 내가 네게 허락한 것을 다 이루기까지 너를 떠나지 아니하리라 하신지라 야곱이 잠이 깨어 가로되 여호와께서 과연 여기 계시거늘 내가 알지 못하였도다 이에 두려워하여 가로되 두렵도다 이 곳이여 다른 것이 아니라 이는 하나님의 전이요 이는 하늘의 문이로다 하고 야곱이 아침에 일찌기 일어나 베개하였던 돌을 가져 기둥으로 세우고 그 위에 기름을 붓고 그 곳 이름을 벧엘이라 하였더라 이 성의 본 이름은 루스더라 (창 28:10-19).

야곱은 자신의 형인 에서에게 원한을 사게 되고 그로 인하여 죽음이 두려워 도망가던 중에 하나님의 임재를 경험하였습니다.

야곱은 꿈에 사닥다리가 오르락 내리락 하는 것을 보았습니다. 매츄헨리 주석가는 이것을 예수 그리스도의 중보라고 설명하였습니다.(슈퍼바이블, 매츄헨리, 창세기 주석).

그리스도의 중보-그리스도는 바로 이 사닥다리이다. 그리스도는 인간의 육체를 입으시고 이 땅 위에 발을 딛고 계시며, 하나님의 모습으로서 하늘 끝에 계시다. 즉 그리스도께서는 낮아지심으로써 그의 인성을 나타내셨고 존귀케 되심으로써 신성을 나타내셨다. 만일 하나님이 우리와 함께 거하시고 우리가 그와 함께 거한다면 그것은 그리스도의 중보에 의해서 이루어지는 일이다. 이 사닥다리를 의지하지 않고서 하늘에 이를 수 있는 길이란 우리에게 결코 없다. 만일 우리가 다른 방법을 통하여 하늘에 오른다면 우리는 절도이며 강도인 셈이다. 우리 구주께서 하나님의 사자들이 '인자 위에 오르락내리락 하는 것' (요 1:51)을 말씀하신 것도 바로 이 환상을 두고 하신 말씀이다.

야곱은 하란으로 가는 도중 하나님의 임재를 꿈에 체험하였습니다.

야곱은 그러한 장소에서도 하나님께서 특별히 자기와 함께 계심을 보여주는 표징에 크게 놀라 다음과같이 말했습니다. '여호와께서 과연 여기 계시거늘 내가 알지 못하였도다' (16절).

야곱에게 큰 확신을 준 하나님의 임재하심은 부인할 수 없는 증거들을 남기게 하였습니다. 야곱은 외롭고 추운 밤 들판에서 놀라우신 하나님의 임재와 계시를 체험하였습니다. 하나님께서 찾아오실 수 없는 곳은 아무데도 없습니다. 우리가 도시나, 사막이나, 집안이나, 들판이나, 상점이나, 거리나, 학교, 산이나 어디에 있든지 간에 하나님은 우리를 찾아오실 수 있는 것입니다.

두 번째는 얍복 나루터에서 고향으로 돌아가는 도중에 형 에서를 만나기 전 기도하는 중에 하나님의 임재를 체험하였습니다.

> 밤에 일어나 두 아내와 두 여종과 열한 아들을 인도하여 얍복 나루를 건널새 그들을 인도하여 시내를 건네며 그 소유도 건네고 야곱은 홀로 남았더니 어떤 사람이 날이 새도록 야곱과 씨름하다가 그 사람이 자기가 야곱을 이기지 못함을 보고 야곱의 환도뼈를 치매 야곱의 환도뼈가 그 사람과 씨름할 때에 위골되었더라 그 사람이 가로되 날이 새려하니 나로 가게 하라 야곱이 가로되 당신이 내게 축복하지 아니하면 가게 하지 아니하겠나이다 그 사람이 그에게 이르되 네 이름이 무엇이냐 그가 가로되 야곱이니이다 그 사람이 가로되 네 이름을 다시는 야곱이라 부를 것이 아니요 이스라엘이라 부를 것이니 이는 네가 하나님과 사람으로 더불어 겨루어 이기었음이니라 야곱이 청하여 가로되 당신의 이름을 고하소서 그 사람이 가로되 어찌 내 이름을 묻느냐 하고 거기서 야곱에게 축복한지라 그러므로 야곱이 그 곳 이름을 브니엘이라 하였으니 그가 이르기를 내가 하나님과 대면하여 보았으나 내 생명이 보전되었다 함이더라 그가 브니엘을 지날 때에 해가

돋았고 그 환도뼈로 인하여 절었더라 (창 32:22-31).

야곱이 하나님의 사자를 만나 끈질기게 졸랐습니다. "당신이 내게 축복하지 아니하면 가게 하지 아니하겠나이다."

야곱은 축복을 간구하여 이름이 바뀌는 축복을 받았습니다. 천사는 야곱의 이름을 바꾸어 줌으로써 영원한 영예의 표적을 그에게 줍니다(27-28절). "야곱이니이다." 이 야곱의 의미는 '속이는 자'이다. "네 이름을 다시는 야곱이라 부를 것이 아니요 이스라엘이라 부를 것이니 이는 네가 하나님과 사람으로 더불어 겨루어 이기었음이니라."

야곱이 들에서 받은 칭호는 세상 끝날 때까지 그를 기리어 남게 될 영예로운 칭호입니다. 야곱은 하나님과 겨루어 이겼으므로 사람과 겨루어도 이길 수 있게 되었습니다.

야곱은 그곳에 새로운 이름을 붙였습니다. 그곳을 '하나님의 얼굴'이라는 의미의 '브니엘'이라고 불렀습니다(30절). 야곱은 자신의 용기나 승리를 나타내기 위해서가 아니라 오직 하나님이 거저 주시는 은총을 영원토록 기리고 보전하기 위해서 그런 이름을 붙였던 것입니다. 야곱은 하나님과 대면하여 보았으나 그 생명이 보전되었습니다.

세 번째는 벧엘에서의 두 번째 하나님의 임재를 야곱에게 체험케 하신 것입니다.

하나님이 야곱에게 이르시되 일어나 벧엘로 올라가서 거기 거하며 네가 네 형 에서의 낯을 피하여 도망하던 때에 네게 나타났던 하나님께 거기서 단을 쌓으라 하신지라 야곱이 이에 자기 집 사람과 자기와 함께한 모든 자에게 이르되 너희 중의 이방 신상을 버리고 자신을 정결케 하고 의복을 바꾸라 우리가 일어나 벧엘로 올라가자 나의 환난 날에 내게 응답하시며 나의 가는 길에서 나와 함께 하신 하나님께 내가 거기서 단을 쌓으려 하노라 하매 그들이 자기 손에 있는 모든 이방 신상과 자기 귀에 있는 고리를 야곱에게 주는지라 야곱이 그것들을 세겜 근처 상수리나무 아래 묻고…야곱과 그와 함께한 모든 사람이 가나안 땅 루스 곧 벧엘에 이르고 그가 거기서 단을 쌓고 그 곳을 엘벧엘이라 불렀으니 이는 그 형의 낯을 피할 때에 하나님이 그에게 거기서 나타나셨음이더라…야곱이 밧단아람에서 돌아오매 하나님이 다시 야곱에게 나타나사 그에게 복을 주시고 그에게 이르시되 네 이름이 야곱이다마는 네 이름을 다시는 야곱이라 부르지 않겠고 이스라엘이 네 이름이 되리라 하시고 그가 그의 이름을 이스라엘이라 부르시고 그에게 이르시되 나는 전능한 하나님이니라 생육하며 번성하라 국민과 많은 국민이 네게서 나고 왕들이 네 허리에서 나오리라 내가 아브라함과 이삭에게 준 땅을 네게 주고 내가 네 후손에게도 그 땅을 주리라 하시고 하나님이 그와 말씀하시던 곳에서 그를 떠나 올라가시는지라 야곱이 하나님의 자기와 말씀하시던 곳에 기둥 곧 돌 기둥을 세우고 그 위에 전제물을 붓고 또 그 위에 기름을 붓고 하나님이 자기와 말씀하시던 곳의 이름을 벧엘이라 불렀더라 (창35:9-15).

벧엘은 야곱이 한때 잘못을 저질러 달아나다가 하나님의 임재를 체험했던 곳입니다. 여기서 먼저 하나님께서 야곱에게 단을 쌓게 하셨습니다. 단을 쌓기 전에 야곱은 자기 집 사람과 자기와 함께 한 모든 사람들에게 우상을 버리게 하고 자신을 정결케 하며 의복을 바꾸게 하였습니다. 그들은 순종하였습니다. 야곱은 벧엘에서 단을 쌓았습니다. 그때 하나님께서 야곱에게 나타났습니다. 그리고 야곱이 밧단 아람에서 돌아오던 중 벧엘에서 두 번째로 하나님이 다시 나타나 야곱을 축복 하셨습니다.

야곱에게 나타나신 하나님은 전능한 하나님으로 야곱에게 두 가지를 약속하셨습니다. 첫째, 야곱은 열국의 아비가 될 것이고 둘째, 좋은 땅의 주인이 될 것이(12절)라는 것입니다.

이 두 가지 약속을 매츄 헨리 주석가는 영적인 의미로 설명 하였습니다(창세기 주석). "약속된 씨는 그리스도로, 약속된 땅은 천국이기 때문이다. 그런 후 하나님은 영광을 드러내면서 야곱을 떠나 하늘로 올라가셨다."

야곱은 하나님의 임재를 붙잡고 놓지 않았습니다. 그 결과는 놀라운 하나님의 축복을 받는 것이었습니다. 야곱에서 이스라엘이라는 이름으로, 그리고 전능한 하나님께서 아브라함과 이삭의 조상들에게 주셨던 그 축복의 약속을 받았습니다. 그 약속의 축복은 그의 후손들을 통하여 그대로 이루어 졌습니다. 야곱은 하나님의 임재를 체험함으로 앞으로 다가올 모든 환난과 역경을 이길 수 있었으며, 예언적인 꿈이 성취되어 축복을 받았습니다. 우리들도 하나님을 만나야 합니다. 그래야 하나님의 뜻대로 변화되어 하나님이 원하시는 삶을 살아 갈 수 있습니다.

모세

성경을 통해 모세의 삶을 보면 특별한 일들이 있었습니다. 모세의 어린 시절은 죽음에서 구원 받았습니다.

모세는 장성하여 애굽인으로부터 히브리 형제를 돕다가 애굽인을 쳐 죽입니다. 이튿날 두 히브리인들의 싸움에 개입했다가 애굽인을 죽인 사건이 들춰 질까봐 두려워 미디안 광야로 도망갔습니다.

모세는 결혼하여 미디안의 제사장 이드로의 양무리를 치던 중에 하나님의 산 호렙에서 하나님의 임재를 처음으로 체험합니다.

첫 번째 하나님의 임재 - 하나님의 산 호렙

모세가 그 장인 미디안 제사장 이드로의 양 무리를 치더니 그 무리를 광야 서편으로 인도하여 하나님의 산 호렙에 이르매 여호와의 사자가 떨기나무 불꽃 가운데서 그에게 나타나시니라 그가 보니 떨기나무에 불이 붙었으나 사라지지 아니하는지라 이에 가로되 내가 돌이켜 가서 이 큰 광경을 보리라 떨기나무가 어찌하여 타지 아니하는고 하는 동시에 여호와께서 그가 보려고 돌이켜 오는 것을 보신지라 하나님이 떨기나무 가운데서 그를 불러 가라사대 모세야 모세야 하시매 그가 가로되 내가 여기 있나이다 하나님이 가라사대 이리로 가까이 하지 말라 너의 선 곳은 거룩한 땅이니 네 발에서 신을 벗으라 또 이르시되 나는 네 조상의 하나님이니 아브라함의 하나님, 이삭의 하나님, 야곱의 하나님이니라 모세가 하나님 뵈옵기를 두려워하여 얼굴을 가리우매 여호와께서 가라사대 내가 애굽에 있는 내 백성의 고통을 정녕히 보고 그들이 그 간역자로 인하여 부르짖음을 듣고 그 우고를 알고 내가 내려와서 그들을 애굽인의 손에서 건져내고 그들을 그 땅에서 인도하여 아름답고 광대한 땅, 젖과 꿀이 흐르는 땅 곧 가나안 족속, 헷 족속, 아모리 족속, 브리스 족속, 히위 족속, 여부스 족속의 지방에 이르려 하노라 이제 이스라엘 자손의 부르짖음이 내게 달하고 애굽 사람이 그들을 괴롭게 하는 학대도 내가 보았으니 이제 내가 너를 바로에게 보내어 너로 내 백성 이스라엘 자손을 애굽에서 인도하여 내게 하리라 (출 3:1-10).

모세가 처음으로 하나님의 임재를 체험한 것은 특이한 놀라운 광경이었습니다. "…떨기나무 불꽃 가운데서 그에게 나타나시니라 그가 보니 떨기나무에 불이 붙었으나 사라지지 아니하는지라 이에 가로되 내가 돌이켜 가서 이 큰 광경을 보리라 떨기나무가 어찌하여 타지 아니 하는고 하는 동시에 여호와께서 그가 보려고 돌이켜 오는 것을 보신지라."

하나님의 임재를 체험한 모세는 이스라엘 백성을 인도하는 소명을 받았습니다. "…그들을 애굽인의 손에서 건져내고 그들을 그 땅에서 인도하여 아름답고 광대한 땅, 젖과 꿀이 흐르는 땅… 이제 내가 너를 바로에게 보내어 너로 내 백성 이스라엘 자손을 애굽에서 인도하여 내게 하리라."

하나님께서는 모세에게 소명을 감당케 하기 위하여 능력을 주시고, 동역자인 형 아론을 붙여 주었습니다(출 4:1-17). 또한 하나님은 모세로 이스라엘 백성을 애굽의 바로로부터 구원하기 위하여 여러 가지 기적을 행하게 하셨습니다.

두 번째 하나님의 임재 - 시내산

모세가 산에 오르매 구름이 산을 가리며 여호와의 영광이 시내 산 위에 머무르고 구름이 육 일 동안 산을 가리더니 제 칠 일에 여호와께서 구름 가운데 모세를 부르시니라 산 위의 여호와의 영광이 이스라엘 자손의 눈에 맹렬한 불같이 보였고 모세는 구름 속으로 들어가서 산 위에 올랐으며 사십 일 사십 야를 산에 있으니라 (출 24:15-18).

모세는 7일째 하나님이 임재하여 계시는 구름 가운데로 부르심을 받았습니다. 모세는 그 구름 안에서 40일을 주야로 하나님과 함께 지냈습니다.

세 번째 하나님의 임재 - 회막

모세가 항상 장막을 취하여 진 밖에 쳐서 진과 멀리 떠나게 하고 회막이라 이름하니 여호와를 앙모하는 자는 다 진 바깥 회막으로 나아가며 모세가 회막으로 나아갈 때에는 백성이 다 일어나 자기 장막문에 서서 모세가 회막에 들어가기까지 바라보며 모세가 회막에 들어갈 때에 구름 기둥이 내려 회막문에 서며 여호와께서 모세와 말씀하시니 모든 백성이 회막문에 구름 기둥이 섰음을 보고 다 일어나 각기 장막문에 서서 경배하며 사람이 그 친구와 이야기함같이 여호와께서는 모세와 대면하여 말씀하시며 모세는 진으로 돌아오나 그 수종자 눈의 아들 청년 여호수아는 회막을 떠나지 아니하니라 모세가 여호와께 고하되 보시옵소서 주께서 나더러 이 백성을 인도하여 올라가라 하시면서 나와 함께 보낼 자를 내게 지시하지 아니하시나이다 주께서 전에 말씀하시기를 나는 이름으로도 너를 알고 너도 내 앞에 은총을 입었다 하셨사온즉 내가 참으로 주의 목전에 은총을 입었사오면 원컨데 주의 길을 내게 보이사 내게 주를 알리시고 나로 주의 목전에 은총을 입게 하시며 이 족속을 주의 백성으로 여기소서 여호와께서 가라사대 내가 친히 가리라 내가 너로 편케 하리라 모세가 여호와께 고하되 주께서 친히 가지 아니하시려거든 우리를 이 곳에서 올려 보내지 마옵소서 나와 주의 백성이 주의 목전에 은총 입은 줄을 무엇으로 알리이까 주께서 우리와 함께 행하심으로 나와 주의 백성을 천하 만민 중에 구별하심이 아니이까 여호와께서 모세에게 이르시되 너의 말하는 이 일도 내가 하리니 너는 내 목전에 은총을 입었고 내가 이름으로도 너를 앎이니라 모세가 가로되 원컨대 주의 영광을 내게 보이소서 여호와께서 가라사대 내가 나의 모든 선한 형상을 네 앞으로 지나게 하고 여호와의 이름을 네 앞에 반포하리라 나는 은혜 줄 자에게 은혜를 주고 긍휼히 여길 자에게 긍휼을 베푸느니라 또 가라사대 네가 내 얼굴을 보지 못하리니 나를 보고 살 자가 없음이니라 여호와께서 가라사대 보라 내 곁에 한 곳이 있으니 너는 그 반석 위에 섰으라 내 영광이 지날 때에 내가 너를 반석 틈에 두고 내가 지나도록 내 손으로 너를 덮었다가 손을 거두리니 네가 내 등을 볼 것이요 얼굴은 보지 못하리라 (출 33:7-23).

모세가 체험한 하나님의 임재의 특징은 하나님과 아주 친밀한 관계의 임재였습니다. 하나님의 임재를 사모한 모세는 하나님의 영광과 하나님의 친구로서 하나님의 임재를 체험하였습니다.

> 사람이 그 친구와 이야기함같이 여호와께서는 모세와 대면하여 말씀하시며 모세는 진으로 돌아오나 그 수종자 눈의 아들 청년 여호수아는 회막을 떠나지 아니하니라 (출 33:11).
> 그와는 내가 대면하여 명백히 말하고 은밀한 말로 아니하며 그는 또 여호와의 형상을 보겠거늘 너희가 어찌하여 내 종 모세 비방하기를 두려워 아니하느냐 (민 12:8).

네 번째 하나님의 임재 – 두 번째 돌판을 가지고 시내산에 올라갔을 때

> 모세가 돌판 둘을 처음 것과 같이 깎아 만들고 아침에 일찌기 일어나 그 두 돌판을 손에 들고 여호와의 명대로 시내 산에 올라가니 여호와께서 구름 가운데 강림하사 그와 함께 거기 서서 여호와의 이름을 반포하실새(출 34:5-7).

하나님께서는 모세 앞을 지나가시면서 그의 이름을 반포하였습니다. 또한 모세는, 하나님의 이름을 반포하실 때 땅에 엎드려 백성들의 죄를 사해달라고 간구하였습니다.

> 가로되 주여 내가 주께 은총을 입었거든 원컨대 주는 우리 중에서 행하옵소서 이는 목이 곧은 백성이니이다 우리의 악과 죄를 사하시고 우리로 주의 기업을 삼으소서(출 34:9).

모세는 하나님과 시내산에서 하나님의 말씀을 들으면서 사십일 주야를 보냈습니다.

모세가 여호와와 함께 사십 일 사십 야를 거기 있으면서 떡도 먹지 아니하였고 물도 마시지 아니하였으며 여호와께서는 언약의 말씀 곧 십계를 그 판들에 기록하셨더라(출 34:28).

모세가 하나님을 만나고 시내산에서 내려 왔을 때 그의 얼굴에는 광채가 나서 그 모습을 본 사람들은 가까이 하기를 두려워하였습니다.

모세가 그 증거의 두 판을 자기 손에 들고 시내 산에서 내려오니 그 산에서 내려올 때에 모세는 자기가 여호와와 말씀하였음을 인하여 얼굴 꺼풀에 광채가 나나 깨닫지 못하였더라 아론과 온 이스라엘 자손이 모세를 볼 때에 모세의 얼굴 꺼풀에 광채 남을 보고 그에게 가까이 하기를 두려워하더니 이스라엘 자손이 모세의 얼굴의 광채를 보는 고로 모세가 여호와께 말씀하러 들어가기까지 다시 수건으로 자기 얼굴을 가리웠더라 (출 34:29-30, 35).

모세는 하나님과 함께하는 일에 가장 많은 시간을 가졌습니다. 시내산에서도 80일을 주야로 함께 있었습니다. 그리고 하나님의 임재를 가장 많이 체험한 사람이었습니다. 하나님께서는 모세에게 친구로서 대면하는 가장 큰 축복을 주셨습니다.

에스겔
첫 번째 하나님의 임재 -그발 강가
제 삼십 년 사월 오일에 내가 그발 강 가 사로잡힌 자 중에 있더니 하늘이 열리며 하나님의 이상을 내게 보이시니 여호야긴 왕의 사로잡힌 지 오 년 그 달 오일이라 갈대아 땅 그발 강 가에서 여호와의 말씀이 부시의 아들 제사장 나 에스겔에게 특별히 임하고 여호와의 권능이 내 위에 있으니라 내가 보니 북방에서부터 폭풍과 큰 구름이 오는데 그 속에서 불이 번쩍번쩍하여 빛이 그 사면에 비취며 그 불 가운데 단쇠 같은 것이 나타나 보이고 그 속에서 네 생물의 형상이 나타나는데 그 모양이 이러하니 사람의 형상이라 각각 네 얼굴과 네 날개가 있고 그 다리는 곧고 그 발바닥은 송아지 발바닥 같고 마광한 구리같이 빛 나며 그 사면 날개 밑에는 각각 사람의 손이 있더라 그 네 생물의 얼굴과 날개가 이러하니 날개는 다 서로 연하였으며 행할 때에는 돌이키지 아니하고 일제히 앞으로 곧게 행하며 그 얼굴들의 모양은 넷의 앞은 사람의 얼굴이요 넷의 우편은 사자의 얼굴이요 넷의 좌편은 소의 얼굴이요 넷의 뒤는 독수리의 얼굴이니 그 얼굴은 이러하며 그 날개는 들어 펴서 각기 둘씩 서로 연하였고 또 둘은 몸을 가리웠으며 신이 어느 편으로 가려면 그 생물들이 그대로 가되 돌이키지 아니하고 일제히 앞으로 곧게 행하며 또 생물의 모양은 숯불과 횃불 모양 같은데 그 불이 그 생물 사이에서 오르락내리락 하며 그 불은 광채가 있고 그 가운데서는 번개가 나며 그 생물의 왕래가 번개같이 빠르더라 (겔 1:1-14).

에스겔이 본 하나님의 보좌의 환상은 구름 속에서 타오르는 불 가운데 번쩍이는 쇠(단쇠) 같은 것이 보이고 이 빛 가운데 네 생물의 형상이 나타납니다. 각 생물의 날개를 둘씩 옆으로 들어 펴서 이웃해 있는 두 생물의 날개에 닿습니다. 이렇게 하여 날개 넷이 사방으로 움직일 수 있는데 그 방향은 그때마다 하나님의 신이 가는 곳으로 가게 됩니다.

에스겔은 바벨론의 느부갓네살왕에 의하여 바벨론에 포로로 잡혀갔던 사람이었습니다. 에스겔 제사장은 바벨론에 사로잡혀 있음에도 불구하고 특별히 환상을 통하여 하나님의 현현으로 임재를 두 번이나 체험하였습니다.

첫 번째는 "하늘이 열리며 하나님의 이상을 내게 보이시니" 두 번째는 "나 에스겔에 특별히 임하고 여호와의 권능이 내 위에 있으니라" 세 번째로 에스겔이 본 이상은 하나님의 보좌입니다.

에스겔이 본 환상의 내용을 살펴보면 하나님께서 안식하고 계시는 궁창, 즉 하나님께서 타고 다니시는 병거는 "흑암과 공중의 빽빽한 구름"(시 18:11,104:3)으로 그 속에 불이 번쩍 번쩍하여 단쇠 같은 것이 나타나 보이고 불 가운데에서 네 생물의 형상이 사람의 형상이었습니다.

에스겔이 본 환상은 모세에게 시내산과 호렙산에서 보여 주신 하나님의 임재하심과 비슷한 것입니다.

> 모세가 산에 오르매 구름이 산을 가리며 여호와의 영광이 시내 산 위에 머무르고 구름이 육 일 동안 산을 가리더니 제 칠 일에 여호와께서 구름 가운데 모세를 부르시니라 산 위의 여호와의 영광이 이스라엘 자손의 눈에 맹렬한 불같이 보였고 모세는 구름 속으로 들어가서 산 위에 올랐으며 사십 일 사십 야를 산에 있으니라 (출 24:15-18).
> 모세가 그 장인 미디안 제사장 이드로의 양 무리를 치더니 그 무리를 광야 서편으로 인도하여 하나님의 산 호렙에 이르매 여호와의 사자가 떨기나무 불꽃 가운데서 그에게 나타나시니라 그가 보니 떨기나무에 불이 붙었으나 사라지지 아니하는지라 이에 가로되 내가 돌이켜 가서 이 큰 광경을 보리라 떨기나무가 어찌하여 타지 아니하는고 하는 동시에 여호와께서 그가 보려고 돌이켜 오는 것을 보신지라 하나님이 떨기나무 가운데서 그를 불러 가라사대 모세야 모세야 하시매 그가 가로되 내가 여기 있나이다 하나님이 가라사대 이리로 가까이 하지 말라 너의 선 곳은 거룩한 땅이니 네 발에서 신을 벗으라 (출 3:1-5).

하나님께서 구름 사이에 거하고 계셨던 호렙산과 시내산 정상에도 불이 나타났었습니다. 그 여호와의 영광은 여호와께서 모세에게 처음 나타나셨을 때에도 불타는 떨기나무의 불꽃 가운데 나타나셨던 것입니다. 우리 하나님은 소멸시키시는 불이시기 때문입니다. 그 불은 영광으로 둘러싸여 있습니다.

우리가 비록 그 불 속을 들여다보지도 못하며 완전하게 하나님을 발견할 수도 없으나 그 불 주위에 밝은 빛은 볼 수 있습니다. 이것은 마치 모세가 하나님의 등은 볼 수 있었지만 얼굴은 뵙지 못하였었던 것과 같습니다. 하나님을 느끼기는 매우 쉽지만 '그 분이 어떠하시다' 라고 묘사하기는 지극히 어려운 일이 아닐 수 없습니다.

불 가운데에서 나온 생물들은 스랍(태우는 자)들로서 실제로 생물이 아니고 천사들이라고 볼 수 있습니다. 천사는 영이기 때문에 사람들의 영안이 열리지 않고는 볼 수가 없습니다.

하나님께서 선지자를 인도하시기에 적절한 형상을 입고 있을 뿐이었습니다. 그 불 가운데 네 생물의 형상이 나타나는데, 그 모양이 이러하니 사람의 형상이었습니다. 하나님의 사자들 즉 천사들은 사람의 모양을 하고 나타났습니다. 이들 네 생물 모두는 사람의 얼굴을 하고 있었습니다(겔 1:5). 그리고 사자, 소, 독수리의 모양을 하고 있었습니다. 천사들은 부드러움에 있어서는 사람과 비슷합니다.

이들은 각각 종류별로 가장 뛰어난 것으로써 사나운 짐승에서는 사자를, 유순한 짐승 가운데에서는 소를, 날짐승 가운데에서는 독수리의 모양을 하고 있었습니다(10절).

매츄헨리 주석가는 네 동물을 영적으로 다음과 같이 해석하였습니다 (매츄헨리, 에스겔 주석 참조).

사자는 그 힘과 용감함에 있어서 사람을 능가합니다. 따라서 이 점에 있어서 사자와 비슷한 천사들은 사자의 얼굴을 하고 있습니다. 소는 자기가 해야 할 일을 수행하는 근면과 끈기에 있어서 사람보다 뛰어납니다. 하나님을 섬기는 일을 하는 천사들은 소의 얼굴을 하고 있습니다. 독수리는 날렵함과 꿰뚫는 듯한 눈길, 치솟는 그 높이에 있어서 사람들을 능가합니다. 따라서 위에 것을 추구하며 하나님의 깊은 신비를 멀리까지 보는 천사들은 독수리의 얼굴을 하고 있는 것입니다.

6절에 보면 "각각 네 얼굴과 네 날개가 있고"라고 하였습니다. 이것의 영적인 의미는 신앙과 소망은 영혼의 날개로서 영혼은 그 날개로 치솟아 오르며, 경건하고 헌신적인 사랑은 앞으로 전진 해 나아갈 수 있게 만드는 하나의 날개입니다. 그들의 날개는 완전한 연합과 일치를 표시하기 위하여 연결되어 있었습니다(9-11절). 그들의 날개 중 두 개는 그들의 몸 즉 그들이 입고 있던 영의 몸을 덮는데 사용하였습니다. 그들의 다리는 곧았습니다(7절). 즉 그들은 바르고 확실하며 굳건하게 서 있었습니다.

에스겔은 네 생물의 환상뿐만 아니라 하늘의 보좌의 환상까지 보았습니다. 에스겔은 하늘의 하나님의 보좌 형상을 다음과 같이 묘사하였습니다. 그것은 보좌 위에 사람의 모양처럼 보이는 분이 계시는 것을 보았습니다.

그 머리 위에 있는 궁창 위에 보좌의 형상이 있는데 그 모양이 남보석 같고 그 보좌의 형상 위에 한 형상이 있어 사람의 모양 같더라 내가 본즉 그 허리 이상의 모양은 단 쇠 같아서 그 속과 주위가 불 같고 그 허리 이하의 모양도 불 같아서 사면으로 광채가 나며 그 사면 광채의 모양은 비 오는 날 구름에 있는 무지개 같으니 이는 여호와의 영광의 형상의 모양이라 내가 보고 곧 엎드리어 그 말씀하시는 자의 음성을 들으니라 (겔 1:26-28).

　에스겔이 본 환상의 다른 부분들에서 하나님은 자신이 천사들의 주시요, 이 아랫 세상의 제반사에 대한 최고의 주재자로 나타내셨습니다. 우리는 다른 어떤 피조물보다 더 위의 것들을 바라보아야 하고 영원한 말씀이신 분으로부터 계시 받기를 소원해야 합니다.

　에스겔 선지자가 본 그리스도의 이 영광은 생물들의 머리 위에 있던 궁창의 위에 있었습니다(겔 1:26). 구세주가 성육신하기 이전에 가지셨던 이 엄위와 권세는 성육신하시고 난 후의 그의 겸손을 훨씬 돋보이게 하고 있습니다. 그가 처음에 본 것은 '보좌'였습니다. 왜냐하면 하나님의 계시는 왕의 권위를 지니고 임하시기 때문입니다.

　우리는 하나님과 그리스도가 보좌 위에 앉아 계신 것을 볼 수 있는 신앙의 눈을 가져야 합니다. 사도 요한이 그의 환상 가운데에서 처음 본 것도 하늘에 있는 보좌였습니다(계 4:2). "내가 곧 성령에 감동하였더니 보라 하늘에 보좌를 베풀었고 그 보좌 위에 앉으신 이가 있는데"

　그 보좌는 영광의 보좌, 은혜의 보좌, 개선의 보좌, 통치의 보좌 그리고 심판의 보좌입니다. 에스겔 선지자는 그 보좌 위에서 사람 같은 형상을 보았습니다. 궁창 위에 있는 보좌에 곧 그렇게 지고한 상태에서조차 사람의 모양으로 나타나기를 부끄러워 하지 않는 이가 앉아있다는 사실은 사람들에게 기쁜 소식이 아닐 수 없습니다. 에스겔 선지자는 인간의 영광을 능가하는 왕이시며 심판자 되신 이께서 보좌에 계신 것을 보았습니다(겔 1:27).

　에스겔 선지자가 본 하나님의 형상은 예수 그리스도에 대한 예언적인 형상의 모습입니다. 예수님의 때라 이르렀을 때, 하나님의 아들 그리스도께서 그 형상으로 나타나실 뿐만 아니라 그러한 속성도 지니고 계시기 때문입니다.

하나님께서는 빛 가운데 거하시며 옷을 걸치듯 빛으로 옷을 입으십니다. 허리 이상의 모양은 단 쇠 같아서 그 속과 주위가 불같고, 불이 속에 감싸여져 있었습니다. 허리 아래에 있는 불은 밖으로 비쳐 나왔습니다. 어떤 사람들은 단 쇠 모양 안에 감추어져 있는 전자의 불이, 아무도 본 적이 없으며 볼 수도 없는 그리스도의 신성을 의미한다고 생각합니다. 또는 그것을 보는 사람들에게 영광이 되었던 그리스도의 인간성을 의미한다고 생각합니다. 이것은 다름 아닌 "은혜와 진리가 충만한 아버지의 독생자의 영광"(요 1:14)인 것입니다.

하나님의 보좌는 무지개로 둘러 싸여 있습니다(겔 1:28). 이는 사도 요한의 환상에서도 그러하였습니다(계 4:3). "앉으신 이의 모양이 벽옥과 홍보석 같고 또 무지개가 있어 보좌에 둘렸는데 그 모양이 녹보석 같더라"(계 4:3).

무지개는 위엄의 현시이면서 동시에 자비의 보증입니다. 무지개는 은혜로운 하나님께서 하신 약속에 대한 확증인 것입니다. 하나님의 진노의 불길이 예루살렘을 향해 나아가고 있을 때도, 하나님께서는 무지개를 모시고 그 언약을 기억하십니다(레 26:42).

에스겔 환상의 결론이 나옵니다. 이는 여호와의 영광의 형상의 모양이라. 처음부터 그랬듯이 선지자는 신중하게 하나님께 온갖 인간적인 상상을 배격하고 있습니다. 선지자는 "이것이 바로 여호와이시다"라고 말하지 않습니다. 하나님은 보이지 아니하시는 분이기 때문입니다. 이것은 "여호와의 영광"이라. 여호와께서는 그 영광 안에서 자신이 영광스런 존재임을 드러내시기를 기뻐합니다.

에스겔은 하나님의 영광의 형상을 보고 곧 엎드렸습니다. 에스겔 선지자는 그 영광의 형상의 모양에 압도되었습니다. 그는 자기의 마음이 거룩한 경외감으로 가득찼다는 표시로 땅에 엎드렸습니다. 하나님께서는 겸손한 자에게 교훈 주시기를 기뻐하십니다. 그리고 하나님은 준비되고 겸손한 자를 사용하십니다.

　에스겔은 하나님의 은혜로 하나님의 보좌와 영광을 보는 하나님의 임재의 축복을 풍성하게 보았습니다. 하나님의 보좌를 환상 중에 본 에스겔은 선지자로 하나님의 부르심을 받아 곧 바로 이스라엘 백성에게 보냄을 받습니다.

> 그가 내게 이르시되 인자야 일어서라 내가 네게 말하리라 하시며 말씀하실 때에 그 신이 내게 임하사 나를 일으켜 세우시기로 내가 그 말씀하시는 자의 소리를 들으니 내게 이르시되 인자야 내가 너를 이스라엘 자손 곧 패역한 백성, 나를 배반하는 자에게 보내노라 그들과 그 열조가 내게 범죄하여 오늘날까지 이르렀나니 이 자손은 얼굴이 뻔뻔하고 마음이 강퍅한 자니라 내가 너를 그들에게 보내노니 너는 그들에게 이르기를 주 여호와의 말씀이 이러하시다 하라 그들은 패역한 족속이라 듣든지 아니 듣든지 그들 가운데 선지자 있은 줄은 알지니라 인자야 너는 비록 가시와 찔레와 함께 처하며 전갈 가운데 거할지라도 그들을 두려워 말고 그 말을 두려워 말지어다 그들은 패역한 족속이라도 그 말을 두려워 말며 그 얼굴을 무서워 말지어다 그들은 심히 패역한 자라 듣든지 아니 듣든지 너는 내 말로 고할지어다 (겔 2:1-7).

　하나님께서는 에스겔 선지자에게 사명을 주어 보내실 때에, 이스라엘의 패역한 백성과 뻔뻔하고 마음이 강퍅한 그 자손들에게 보내셨습니다. 그리고 그 패역한 족속이라도 그 말을 두려워 말며 그 얼굴을 무서워하지 말고 듣든지 아니 듣든지 하나님의 말씀을 전하라고 하였습니다.

　하나님께서는 또 에스겔에게 찾아 오셔서 두루마리를 먹게 하고 배에 넣고 창자를 채우게 합니다. 그리고 또 다시 바벨론에 사로잡혀 와 있는 동포들에게 듣든지 아니 듣든지 전하라고 합니다.

> 그가 또 내게 이르시되 인자야 너는 받는 것을 먹으라 너는 이 두루마리를 먹고 가서 이스라엘 족속에게 고하라 하시기로 내가 입을 벌리니 그가 그 두루마리를 내게 먹이시며 내게 이르시되 인자야 내가 네게 주는 이 두루마리로 네 배에 넣으며 네 창자에 채우라 하시기에 내가 먹으니 그것이 내 입에서 달기가 꿀 같더라(겔 3:1-3).
> 그러나 이스라엘 족속은 이마가 굳고 마음이 강퍅하여 네 말을 듣고자 아니하리니 이는 내 말을 듣고자 아니 함이니라 내가 그들의 얼굴을 대하도록 네 얼굴을 굳게 하였고 그들의 이마를 대하도록 네 이마를 굳게 하였으되 네 이마로 화석보다 굳은 금강석같이 하였으니 그들이 비록 패역한 족속이라도 두려워 말며 그 얼굴을 무서워 말라 하시고 또 내게 이르시되 인자야 내가 네게 이를 모든 말을 너는 마음으로 받으며 귀로 듣고 사로잡힌 네 민족에게로 가서 그들이 듣든지 아니 듣든지 그들에게 고하여 이르기를 주 여호와의 말씀이 이러하시다 하라 하시더라(겔 3:7-11).

에스겔은 하나님의 계시를 특별하게 받았습니다. "인자야 너는 받는 것을 먹으라 두루마리로 네 배에 넣으며 네 창자에 채우라"

이 말씀에 대하여 매튜헨리 주석가는 다음과 같이 주석하였습니다.[12]

> "그 두루마리를 네 마음에 새기라. 그것을 먹고 네 영혼이 양분을 얻으며 기력을 얻으라. 음식물로 네 배를 채우듯이 그 두루마리로 네 배를 채우라." 우리는 하나님 말씀이라면 무엇이든지, 즉 말씀이신

---

12) 매튜헨리, 에스겔 주석, 슈퍼 바이블

그 분이 우리에게 가져오는 것은 무엇이든지 불평없이 영접해야 한다. 만일 두루마리를 펴시고 그의 신을 통하여 그 내용을 우리 앞에 보이시는 분이 우리의 명철을 열고 성령을 통하여 그에 대한 지식을 주시지 않고 우리로 그 두루마리를 먹게 하시지 않는다면, 우리는 그 두루마리에 대해서는 영원히 이방인이 되고 말 것이다. 그 두루마리는 '애가와 애곡과 재앙의 말'이 가득 차 있었지만 선지자에게는 그것의 달기가 꿀과 같았다.

에스겔 선지자가 받은 하나님의 계시는 갈대아 사람들의 죄를 책망하라는 것이 아니라 이스라엘 집의 죄를 책망하라는 것입니다. 우리가 기억할 것은 자녀가 탈선한다면, 아비는 타인의 자녀를 훈계하는 대신에 자신의 자녀를 훈계하여 돌이키는 것이 당연한 것처럼, 선지자가 말할 대상이 이스라엘 족속 곧 하나님과 선지자 자신의 백성이라는 사실입니다. 오늘 우리에게 주시는 말씀은 이방인이 아니라 하나님의 백성들에게 죄를 책망하고 훈계하여 불의에서 구원받게 하는 것입니다.

에스겔이 하나님의 말씀에 순종하는 두루마리를 먹었더니 입에서 달기가 꿀 같더라고 하였습니다. 우리는 여기서 이 말씀에 대하여 묵상하여야 하겠습니다. 이 말씀의 의미를 깨달을 때 놀라운 은혜가 될 것입니다.

꿀보다 더 단 맛

시편 기자는 하나님의 말씀을 꿀보다 더 달다고 고백하였습니다. "주의 말씀의 맛이 내게 어찌 그리 단지요 내 입에 꿀보다 더 하나이다"(시 119:103) 하나님의 말씀의 맛을 제대로 느끼고 깨달은 사람은 진실로 주의 말씀의 맛이 얼마나 맛이 있고 고귀한 가를 알게 됩니다. 그러나 성령의 감동이 없이 읽는 하나님의 말씀은 맛이 없고 졸음이 오고 지루하고 영적인 의미를 깨닫지 못합니다. 그러므로 성도는 무엇보다도 말씀을 읽고 듣고 이런 은혜를 받는 고백이 있어야 하겠습니다. 우리는 하나님의 말씀이 "송이 꿀보다도 더 달다"라는 체험을 가져야합니다.

정금보다 더한 하나님의 말씀의 사모함

　시편 저자는 꿀 중에서 가장 단, 송이 꿀 보다 더 단 하나님의 말씀을 정금보다 더 사모할 것이라고 고백하였습니다. "여호와의 규례는 확실하여 의로우니 금 곧 많은 정금보다 더 사모할 것이며 꿀과 송이 꿀 보다 더 달도다"(시 19:9-10).

　세상에서 귀하고 비싼 물질이 금입니다. 금은 언제 어디서나 통용되는 것이고 누구나 그것을 갖기를 원합니다. 성경에는 금에 대한 교훈과 사용이 많이 나타나 있습니다. 모세가 만든 성막의 모든 기구는 금으로 장식되었고, 솔로몬이 지은 성전의 기둥까지도 정금으로 입혔습니다. 그리고 계시록의 새 예루살렘인 하나님의 전에도 그 장식이 금으로 치장되어 있습니다. 일곱 촛대는 금 촛대 였고(계 1:12), 촛대 사이를 다니는 인자 같은 이의 가슴에는 금띠를 띠었으며(계 1:13), 머리에는 금 면류관을 쓰고(계 4:4,14:14), 이십사 장로들이 하나님 앞에 올리는 성도들의 기도의 향기는 금 대접에 담겨져 올라가고(계 5:8), 제단 옆에는 금향로가 있었으며(계 8:3), 보좌 앞에는 금단이 있었습니다.

　이와 같이 금은 현세에서나 내세에서나 가장 귀한 것으로 상징될 정도로 가치있고 좋은 것입니다. 그런데 시편 기자는 그 금을 사모하는 것 이상으로 말씀을 사모하라고 말합니다. 특별히 말씀은 예수 그리스도를 가리키는 또 다른 표현입니다. 따라서 이를 좀더 확대 해석하면 이처럼 간절히 사모해야 예수 그리스도를 만날 수 있다는 말입니다. 우리는 하나님의 말씀인 성경을 읽으면서 예수 그리스도를 깊게 만나기를 간절히 사모하여야 하겠습니다.

달기도 하고 쓰기도한 하나님의 말씀

하나님의 말씀을 먹을 때는 꿀과 같이 달지만 먹은 후 배에 들어갔을 때는 쓰기도 합니다. 요한계시록에 보면 다음과 같은 말씀이 있습니다.

"내가 천사의 손에서 작은 책을 갖다 먹어버리니 내 입에는 꿀같이 다나 먹은 후에 내 배에서는 쓰게 되더라"(계 10:9-10).

사도 요한은 천사가 내민 작은 책을 받아먹고 입에는 달지만 배에서는 쓴 경험을 하였습니다. 그것은 하나님의 말씀을 받는 것은 꿀같이 단 기쁨이지만 그 말씀 속에 담겨져 있는 하나님의 심판의 내용을 선포해야만 하는 어려움을 안게 되었다는 뜻입니다.

우리에게도 이러한 경험이 주어집니다. 말씀의 선포와 그에 순종하는 것은 크나큰 기쁨이요, 우리 인생에 있어서 그보다 더한 어떤 것과도 비교할 수 없는 것이지만, 그에 따르는 고통과 환난은 쓴맛일 수도 있습니다. 그러나 주의 말씀을 순종하려고 할 때 때로는 쓴맛 같은 고통도 있지만 순종의 결과는 송이 꿀보다 달듯이 기쁨 또한 꿀보다 단 것입니다.

우리도 에스겔처럼 하나님의 말씀을 먹어 내 입에서 꿀보다 단 하나님을 먹고 그 단맛을 다른 사람에게 나누어 주어야 하겠습니다.

두 번째 하나님의 임재 - 들판

에스겔이 들에서 하나님의 영광의 임재를 체험한 것은 그발 강가에서 보았던 영광과 같은 것이었습니다.

여호와께서 권능으로 거기서 내게 임하시고 또 내게 이르시되 일어나 들로 나아가라 내가 거기서 너와 말하리라 하시기로 내가 일어나 들로 나아가니 여호와의 영광이 거기 머물렀는데 내가 전에 그발 강 가에서 보던 영광과 같은지라 내가 곧 엎드리니 주의 신이 내게 임하사 나를 일으켜 세우시고 내게 말씀하여 가라사대 너는 가서 네 집에 들어가 문을 닫으라 인자야 무리가 줄로 너를 동여매리니 네가 그들 가운데서 나오지 못할 것이라 내가 네 혀로 네 입천장에 붙게 하여 너로 벙어리 되어 그들의 책망자가 되지 못하게 하리니 그들은 패역한 족속임이니라 그러나 내가 너와 말할 때에 네 입을 열리니 너는 그들에게 이르기를 주 여호와의 말씀이 이러하시다 하라 들을 자는 들을 것이요 듣기 싫은 자는 듣지 아니하리니 그들은 패역한 족속임이니라 (겔 3:22-27).

하나님께서는 에스겔 선지자가 여러 난관들을 극복할 수 있도록 격려하기 위하여 그의 영광에 대한 또 다른 환상을 보여 주셨습니다.

하나님은 에스겔 선지자에게 말씀하시기 위하여 그를 들로 불러내셨습니다(겔 3:22). 하나님께서 처음에 에스겔에게 오셨을 때는 그발 강가에서 사로잡힌 중이었습니다. 다시 찾아오신 하나님은 이번에는 들로 나아오라고 부르셨습니다.

우리는 하나님께서 에스겔과 대화하시기 위하여 자기를 낮추시며 들로 찾아오시는 하나님의 모습을 묵상해 볼 수 있습니다. 에스겔은 포로들 가운데로 들어갔을 때보다 훨씬 나은 평원으로 나아가 그가 이전에 그발 강가에서 보았던 환상과 동일한 환상을 보았습니다. 하나님께서는 대화하시기 위하여 선지자를 불러 내셨던 것이지만 그에게 자신의 영광도 보여주셨습니다.

내가 일어나 들로 나아가니 여호와의 영광이 거기 머물렀는데 내가 전에 그발 강 가에서 보던 영광과 같은지라 내가 곧 엎드리니 주의 신이 내게 임하사 나를 일으켜 세우시고 내게 말씀하여 가라사대 너는 가서 네 집에 들어가 문을 닫으라(겔 3:23-24).

에스겔에게 다시 찾아 오셨던 영광의 하나님은 그발 강가에서 보았던 분이셨습니다. 그래서 에스겔은 곧 바로 엎드렸으나 주의 성령이 친히 에스겔을 일으켜 세워서 말씀하셨습니다.

에스겔은 선지자로서 부름을 받아 임무를 수행하기 위한 구체적인 지시를 받았습니다. 그리고 하나님의 영광의 임재를 환상을 통해 다시 봅니다. 또한 그 하나님의 영광을 본 후에 예상하지 못한 일이 일어납니다. "무리가 줄로 너를 동여매게 되면 벙어리가 된다"는 것입니다.

하나님께서 에스겔 선지자에게 이런 명령을 한 것은 깊은 뜻이 있습니다. 하나님께서는 에스겔이 그 백성들에게 보내어지면 그들은 에스겔에게 존경과 사랑을 주는 대신 평화를 어지럽히는 자라는 구실로 그를 "줄로 동여매" 결박할 것이라고 말씀하셨습니다.

하나님께서는 자신에 대한 찬송을 드러내도록 에스겔의 입술을 열어 주시는 대신에 적절한 시기가 오기까지는 말하지 말도록 침묵을 요구하셨습니다. 그러나 하나님께서 에스겔에게 말씀하셨을 때, 즉 그를 통하여 말씀하시고자 계획하셨던 때가 이르면 그의 입을 열어 주실 것입니다.

에스겔이 공중 앞에 나가는 것이 금지된 것은 상징적인 것으로도 볼 수 있습니다. 하나는 앞으로 예루살렘이 에워싸일 것을 미리 보여주는 상징 행위로 이해하는 것과, 하나님의 뜻에 대한 또 다른 계시를 받기 위하여 문을 닫고 집안에만 있어야 하는 것이었습니다. 그러나 우리가 분명하게 알아야 할 것은 하나님께서 백성들에게 말하게 될 그때에 에스겔의 입을 열어 주셔서 말씀을 전하게 하셨다는 것입니다.

우리가 지금 에스겔에게 임한 그러한 환상들을 기대할 수 없지만, 여호와의 영광을 믿음으로 바라보고 그의 신으로 말미암아 우리에게 이미 그러한 은혜가 추어졌음을 인정하고 더 하나님의 임재를 사모하여야 할 것입니다.

다니엘

　다니엘은 환상가운데서 예수그리스도를 보았습니다. 에스겔이나 다니엘이 하나님의 임재를 체험한 것을 성경을 통해 보면서 새롭게 인식한 것이 있습니다. 그것은 이미 구약에서 신실한 믿음의 선지자들은 하나님의 보좌에 계시는 하나님이신 예수님의 영광스러운 모습을 보았다는 것입니다. 에스겔이 체험한 하나님의 임재와 다니엘이 체험한 하나님의 임재는 비슷한 것들이었습니다.

　다니엘은 하나님의 보좌에 계신 하나님 아버지와 예수 그리스도를 두 번이나 보았습니다.

　다니엘이 첫 번째 본 것은 하나님 아버지와 인자이신 예수 그리스도의 형상이었습니다.

　　내가 보았는데 왕좌가 놓이고 옛부터 항상 계신 이가 좌정하셨는데 그 옷은 희기가 눈 같고 그 머리털은 깨끗한 양의 털 같고 그 보좌는 불꽃이요 그 바퀴는 붙는 불이며 불이 강처럼 흘러 그 앞에서 나오며 그에게 수종하는 자는 천천이요 그 앞에 시위한 자는 만만이며 심판을 베푸는데 책들이 펴 놓였더라 그 때에 내가 그 큰 말하는 작은 뿔의 목소리로 인하여 주목하여 보는 사이에 짐승이 죽임을 당하고 그 시체가 상한 바 되어 붙는 불에 던진 바 되었으며 그 남은 모든 짐승은 그 권세를 빼았겼으나 그 생명은 보존되어 정한 시기가 이르기를 기다리게 되었더라 내가 또 밤 이상 중에 보았는데 인자 같은 이가 하늘 구름을 타고 와서 옛부터 항상 계신 자에게 나아와 그 앞에 인도되매 그에게 권세와 영광과 나라를 주고 모든 백성과 나라들과 각 방언하는 자로 그를 섬기게 하였으니 그 권세는 영원한 권세라 옮기지 아니할 것이요 그 나라는 폐하지 아니할 것이니라(단 7:9-14).

보좌에 좌정하신 옛적부터 항상 계신 하나님의 모습

하나님의 현존을 나타냅니다. 모세에게 나타나신 하나님은 "나는 네 조상의 하나님"(출 3:6)이라고 하셨으며 요한에게는 "처음이요 나중이요"(계 2:8), "나는 알파와 오메가라 이제도 있고 전에도 있었고 장차 올 자요 전능하신 자라"(계 1:8)고 하셨습니다. 곧 그분은 태초부터 계신, 그리고 영원까지 계실 하나님이심을 나타내 줍니다. 하나님은 이미 창조 이전부터 계셨고 이 세상을 말씀으로 창조하신 창조주이신 것입니다.

거룩하신 하나님의 모습

하나님의 옷은 순결함을 나타냅니다. 또한 그분의 머리털에서도 그것을 느끼게 됩니다. 성경에서 순결의 의미는 곧잘 하얀 것으로 표현되기 때문입니다.(참조 시 51:7, 사 1:18, 계 7:9) 곧 하나님은 흠이나 점이 없으신 분이십니다. 그분 안에는 오직 거룩만이 존재하며, 악이나 더러움은 없습니다. 우리는 우리의 섬기는 이러한 하나님을 바로 알아야 합니다. 그래야만 바로 섬길 수 있습니다.

심판하시는 하나님의 모습

하나님께서 나타나실 때에는 불 가운데 나타나십니다. 모세에게 하나님은 타는 떨기나무(참조 출 3:3) 가운데 나타나셨으며, 시내산에서 십계명을 주실 때(참조 출 19:18)에도 불 가운데 나타나셨습니다. 또한 이 불은 임재뿐 아니라 심판을 나타내기도 합니다. 곧 보좌 주위에 타오르는 불꽃은 성도들을 정결케 하고 단련시키는 불이지만 동시에 행악자나 원수들을 소멸시키는 불인 것입니다.

"네 하나님 여호와께서 맹렬한 불과 같이 네 앞에 나아가신즉 여호와께서 그들을 파하사"(신 9:3). 또한 "하나님은 소멸하는 불 이심이니라"(히12:29)고 했습니다. 하나님은 거룩하실 뿐만 아니라 거룩치 못한 자를 심판하시는 하나님이신 것입니다. 오늘날 많은 사람들이 죄에서 벗어나지 못하고 있는 것은 이와 같은 심판주로서의 하나님에 대한 인식이 없기 때문입니다.

인자이신 예수님의 모습

인자는 곧 메시아를 가리킵니다. 그는 사람의 모습으로 보이지만 거룩하신 하나님의 아들입니다. 그분은 하늘로부터 구름을 타고 오십니다.

> 인자 같은 이가 하늘 구름을 타고 와서 옛적부터 항상 계신 자에게 나아와 그 앞에 인도되매 그에게 권세와 영광과 나라를 주고 모든 백성과 나라들과 각 방언하는 자로 그를 섬기게 하였으니 그 권세는 영원한 권세라 옮기지 아니할 것이요 그 나라는 폐하지 아니할 것이니라 (단 7:13-14).

하나님께서는 다니엘에게 이 인자를 통하여 영원한 나라가 다스려질 것으로 보여 주시며, 이것이 되어지는 시기는 네 짐승들이 심판을 당하여 멸망한 뒤에 이루어질 것이라고 보여 주십니다. 세상의 나라, 사탄의 나라가 무너지는 그곳에 하나님의 나라가 세워지는 것입니다

다니엘이 본 예수님은 인자 같은 예수님이셨습니다. 그리고 하나님 아버지께서 예수님에게 권세와 영광과 나라를 주고 섬기게 하셨습니다. 예수님은 "하늘 구름을 타고 오실 것"으로 나타나고 있습니다.

예수님에 대한 두 번의 계시의 임재하심

다니엘이 두 번째 하나님의 임재를 체험한 것은 힛데겔이라는 강가에 있을 때 계시(이상)로 받은 것입니다. 다니엘은 힛데겔 강가에서 이삭이 묵상하기 위해 들을 거닐었듯이 그 강가를 묵상하면서 거닐고 있는 중에 "눈을 들어", "한 사람" 즉 예수 그리스도를 바라보았습니다.

> 그 때에 내가 눈을 들어 바라본즉 한 사람이 세마포 옷을 입었고 허리에는 우바스 정금 띠를 띠었고 그 몸은 황옥 같고 그 얼굴은 번갯빛 같고 그 눈은 횃불 같고 그 팔과 발은 빛난 놋과 같고 그 말소리는 무리의 소리와 같더라(단 10:5-6).

하나님의 아들, 그리스도와의 만남

다니엘이 본 것은 하나님의 아들에 대한 이상이었습니다. 다니엘이 이상 중에서 본 그분은 세마포 옷을 입으셨습니다(5절). 이 옷은 정결하고 흠이 없음을 나타내 주는 옷입니다(참조 계 19:8). 구약의 대제사장도 속죄일이 되면 정결의 표로서 세마포 옷을 입었음에서 우리는 이를 알 수 있습니다(참조 레 16:4).

그리고 그분은 우바스 정금으로 된 띠를 두르셨습니다. 곧 어떠한 일을 시작하기 위하여 준비 된 상태를 의미합니다. 곧 그리스도는 모든 사람들을 때가 되면 구속하시기 위하여 항상 준비된 상태에서 기다리고 계심을 상징하는 것입니다.

하나님의 영광스러운 모습 가운데 죽은 자 같은 모습

다니엘이 경험한 그분의 모습은 그 몸이 황옥 같고 그 팔과 발은 빛난 놋과 같고 그 말소리는 무리의 소리와 같았습니다. 다니엘에게 하나님의 임재는 특별하고 강력하게 임하였습니다.

"…함께한 사람들은 이 이상은 보지 못하였어도 그들이 크게 떨며 도 망하여 숨었었느니라 그러므로 나만 홀로 있어서 이 큰 이상을 볼 때 에 내 몸에 힘이 빠졌고 나의 아름다운 빛이 변하여 썩은 듯 하였고 나의 힘이 다 없어졌으나 내가 그 말소리를 들었는데 그 말소리를 들 을 때에 내가 얼굴을 땅에 대고 깊이 잠들었었느니라"(단 10:7-9).

이 모습은 에스겔이 본 환상과도 같은 모습이며(참조 겔 1:7,24), 요한 이 밧모섬에서 경험한 그리스도의 모습과도 같습니다(참조 계 1:13-15). 그곳에서 그리스도는 일곱 촛대 사이를 거닐고 계셨습니다. 그렇기 때문 에 이 부분이 그리스도의 현현이심을 어느 누구도 부인할 수가 없습니 다. 그런데 이러한 그의 모습은 너무도 영광스러운 모습이기 때문에 다 니엘은 가까이 할 수가 없었습니다. 하나님의 영광을 보는 이는 살 수가 없기 때문입니다(참조 출 23:20). 그래서 출애굽 당시의 이스라엘 백성 들도 모세가 하나님과 만나고 내려올 때 얼굴의 광채를 감히 쳐다볼 수 가 없었습니다.(참조 출 24:29-30) 본문에서도 보면 다니엘은 그분의 모습을 볼 때 죽은 자와 같이 되었습니다.(8-9절) 또한 수행원들은 그 소리에 놀라 이상을 보지도 못하고 두려워서 도망하여 모두 숨어 버렸습 니다(7절).

이렇게 하여 다니엘 홀로 환상을 보게 되는데, 이는 마치 예수께서 계 시를 받을 때 다른 사람들은 깨닫지 못하였던 것(참조 요 12:28-29)과 바울이 다메섹에서 그리스도와 만날 때 다른 사람들은 소리만 듣거나 빛 만 보았다고 하는 것과도 같습니다(참조 행 9:7,22:9,26:14).

다니엘을 소생시키는 예수님

다니엘은 하나님의 임재에 압도 되었지만 하나님의 놀라운 위로의 음 성을 들을 뿐만 아니라 회복의 은총을 입었습니다.

내가 그 말소리를 들었는데 그 말소리를 들을 때에 내가 얼굴을 땅에 대고 깊이 잠들었었느니라 한 손이 있어 나를 어루만지기로 내가 떨더니 그가 내 무릎과 손바닥이 땅에 닿게 일으키고 내게 이르되 은총을 크게 받은 사람 다니엘아 내가 네게 이르는 말을 깨닫고 일어서라 내가 네게 보내심을 받았느니라 그가 내게 이 말을 한 후에 내가 떨며 일어서매 그가 내게 이르되 다니엘아 두려워하지 말라 네가 깨달으려 하여 네 하나님 앞에 스스로 겸비케 하기로 결심하던 첫날부터 네 말이 들으신 바 되었으므로 내가 네 말로 인하여 왔느니라(단 10:9-12).

다니엘은 그분의 음성을 들을 때 얼굴을 땅에 대고 잠들었습니다(9절). 곧 다니엘은 죽음에 가까운 공포를 느끼고 있었습니다. 그러나 인자하신 그분의 손과 말씀으로 다니엘은 다시 소생하게 됩니다. 다니엘은 하나님의 손의 만짐으로 회복 되었습니다. "한 손이 있어 나를 어루만지기로 내가 떨더니 그가 내 무릎과 손바닥이 땅에 닿게 일으키고"

우리가 약할 때, 낙담하여 쓰러졌을 때 그리스도는 이처럼 우리를 소생시키십니다(참조 삼상 30:6, 왕상 19:4, 시 23:3, 호 6:2). 죽음에서 소생시키시고 환란에서 소생시키십니다. 그래서 이러한 주님을 우리는 '부활의 주님' 이라고 부릅니다. 곧 스스로 부활하셨을 뿐만 아니라, 죽은 우리도 소생시키시는 주님이기 때문입니다.

오랜 기도에 응답하심

또 사람의 모양 같은 것 하나가 나를 만지며 나로 강건케 하여 가로되 은총을 크게 받은 사람이여 두려워하지 말라 평안하라 강건하라 강건하라 그가 이같이 내게 말하매 내가 곧 힘이 나서 가로되 내 주께서 나로 힘이 나게 하셨사오니 말씀하옵소서 그가 이르되 내가 어찌하여 네게 나아온 것을 네가 아느냐 이제 내가 돌아가서 바사 군과 싸우려니와 내가 나간 후에는 헬라 군이 이를 것이라 오직 내가 먼저 진리의 글에 기록된 것으로 네게 보이리라 나를 도와서 그들을 대적하는 자는 너희 군 미가엘뿐이니라 (단 10:18-21).

다니엘은 하나님의 은총을 입은 자라는 사실을 확신과 두려움으로 평안과 소망을 북돋아 주심으로 받았습니다.

"은총을 크게 받은 사람 다니엘아 내가 네게 이르는 말을 깨닫고 일어서라 내가 네게 보내심을 받았느니라 그가 내게 이 말을 한 후에 내가 떨며 일어서매 그가 내게 이르되 다니엘아 두려워하지 말라"(단 10:11-12).
가로되 은총을 크게 받은 사람이여 두려워하지 말라 평안하라 강건하라 강건하라 그가 이같이 내게 말하매 내가 곧 힘이 나서 가로되 내 주께서 나로 힘이 나게 하셨사오니 말씀하옵소서 (단 10:19).

하나님께서는 다니엘에게 힘과 능력을 주시기 전에 그들로 자신의 연약함을 깨닫게 하십니다. "네가 깨달으려 하여 네 하나님 앞에 스스로 겸비케 하기로 결심하던 첫날부터 네 말이 들으신 바 되었으므로 내가 네 말로 인하여 왔느니라"(단 10:12).
다니엘은 세이레가 차기까지 금식하며 기도하였습니다. 그리고 그 기도는 하나님께 첫날부터 상달 되었습니다(12절). 그런데 그 기도의 응답은 21일이 지난 후에 다니엘에게 나타난 것입니다. 그것은 기도에 응답하기 위해 와야 할 천사가 바사국 왕들(이방신 혹은 악령)과의 싸움으로 늦어졌던 것입니다. 그 싸움은 꼭 다니엘이 기도한 21일 동안이었습니다.

우리는 기도를 시작한 후 응답이 없을 때, 쉽게 좌절하고 기도를 그만두게 됩니다. 그런데 이 말씀을 통하여 볼 때 우리는 인내를 가지고 그 응답을 기다려야 합니다. 기도의 응답이 늦는 경우에 악한 영들의 방해로 늦어지는 경우도 있기 때문입니다. 그러므로 우리는 기도한 것을 포기하지 말고 기다림으로 응답 받아야합니다.

다니엘은 하나님의 임재를 체험함으로 말미암아 놀라운 고백을 하였습니다. "내게는 하나님의 이러한 영광의 현현과 하나님의 이러한 뜻을 받을 만한 아무런 힘도 없나이다. 아니 내게 호흡조차 남아 있지 않았나이다"(단 10:17).

스데반

스데반은 설교를 하고 핍박을 받고 있는 중에 하나님의 영광과 하나님의 임재를 체험하였습니다. 스데반(Stevfano, Stephen)은 '면류관'이라는 이름의 뜻을 가졌으며 초대 교회 최초의 순교자입니다. 스데반은 교회의 구제 사업을 감독하기 위해 사도들의 제안에 의해 예루살렘 교회가 뽑은 일곱 집사 중의 한 사람이었습니다(행6:5).

> 스데반이 은혜와 권능이 충만하여 큰 기사와 표적을 민간에 행하니
> (행 6:8).
> 스데반이 지혜와 성령으로 말함을 저희가 능히 당치 못하여
> (행 6:10).

스데반은 집사로 은혜와 권능이 충만하여 기사와 표적을 행함으로써 회당들에서 예수 그리스도를 증거 했습니다. 스데반은, 유대인들이 그들의 조상들처럼 성령을 거슬려 그들의 선지자를 죽인 것처럼, 예수 그

리스도를 죽이고 실제로 그들 자신의 율법을 계속 어겨왔다고 신랄하게 책망하였습니다.

> 목이 곧고 마음과 귀에 할례를 받지 못한 사람들아 너희가 항상 성령을 거스려 너희 조상과 같이 너희도 하는도다 너희 조상들은 선지자 중에 누구를 핍박지 아니하였느냐 의인이 오시리라 예고한 자들을 저희가 죽였고 이제 너희는 그 의인을 잡아 준 자요 살인한 자가 되나니 너희가 천사의 전한 율법을 받고도 지키지 아니하였도다 하니라(행 7:51-53).

스데반은 핍박 중에 하나님의 영광과 하나님의 우편에 계신 예수님의 임재를 보고 난 다음 순교하였습니다.

> 저희가 이 말을 듣고 마음에 찔려 저를 향하여 이를 갈거늘 스데반이 성령이 충만하여 하늘을 우러러 주목하여 하나님의 영광과 및 예수께서 하나님 우편에 서신 것을 보고 말하되 보라 하늘이 열리고 인자가 하나님 우편에 서신 것을 보노라 한 대 저희가 큰 소리를 지르며 귀를 막고 일심으로 그에게 달려들어 성 밖에 내치고 돌로 칠새 증인들이 옷을 벗어 사울이라 하는 청년의 발 앞에 두니라 저희가 돌로 스데반을 치니 스데반이 부르짖어 가로되 주 예수여 내 영혼을 받으시옵소서 하고 (행 7:54-59).

스데반은 이스라엘 백성에게 메시아의 통치권 요구와 예수 그리스도를 구원자로 받아들이라는 설교를 하는 중에 사람들이 이를 갈면서 덤벼들 듯 할 때 놀라운 은총의 체험을 합니다.

스데반은 핍박을 받는 중에 성령이 충만하여 하늘을 우러러 보았습니다. 그 하늘을 보았을 때 하나님의 영광과 예수님께서 하나님 우편에 서신 것을 보았습니다. "보라, 하늘이 열리고 인자가 하나님 우편에 서신 것을 보노라"

이때, 사람들은 그에게 달려들어 성 밖으로 끌어내고 돌로 쳐 죽였습니다. 스데반은 순교하면서 "주 예수여, 내 영혼을 받으옵소서… 주여, 이 죄를 저들에게 돌리지 마옵소서"라고 부르짖었습니다. 스데반은 이렇게 자기를 죽이는 자들을 위하여 예수님께서 십자가에서 하신 용서의 기도를 하였습니다.

스데반의 설교와 순교로 인하여 예루살렘 교회의 신자들이 유대와 사마리아를 넘어서 이방 각지에 흩어져 기독교의 복음을 전파하게 된 것입니다.

> 사울이 그의 죽임 당함을 마땅히 여기더라 그 날에 예루살렘에 있는 교회에 큰 핍박이 나서 사도 외에는 다 유대와 사마리아 모든 땅으로 흩어지니라 경건한 사람들이 스데반을 장사하고 위하여 크게 울더라 사울이 교회를 잔멸할새 각 집에 들어가 남녀를 끌어다가 옥에 넘기니라 그 흩어진 사람들이 두루 다니며 복음의 말씀을 전할새 빌립이 사마리아 성에 내려가 그리스도를 백성에게 전파하니 (행 8:1-5).

스데반은 구제 사역으로 부름을 받았지만 하나님의 특별하신 은총을 받은 사람입니다. 은혜와 권능이 충만하여 큰 기사와 표적으로 사람들에게 행할 뿐 만 아니라 설교중에 핍박을 받다가, 하나님의 영광과 하나님 우편에 계신 예수님을 뵙는 중에 초대교회 최초로 순교하여 하나님이 주신 가장 아름다운 면류관을 받았습니다.

그리고 그의 용서의 기도와 순교의 열매로 인해 사울이 바울이 되어 복음을 더 넓게 전하는 역할을 하였습니다.

바울

바울은 예수 믿는 사람들을 핍박하기 위해 다메섹으로 가는 도중 하나님의 임재를 경험합니다.

예수 그리스도께서는 다메섹 도상에서 바울에게 "홀연히 하늘로부터 빛이 그를 둘러 비추는, 하늘로서 해보다 더 밝은 빛"으로 계시하셨습니다.

> 사울이 행하여 다메섹에 가까이 가더니 홀연히 하늘로서 빛이 저를 둘러 비추는지라 땅에 엎드러져 들으매 소리 있어 가라사대 사울아 사울아 네가 어찌하여 나를 핍박하느냐 하시거늘 대답하되 주여 뉘시오니이까 가라사대 나는 네가 핍박하는 예수라 네가 일어나 성으로 들어가라 행할 것을 네게 이를 자가 있느니라 하시니 (행 9:3-6).

바울은 참 빛이신 예수님을 만난 체험을 하고 난 다음 두 번이나 변호를 하였습니다(행 22:1-21, 26:6-23).

바울이 복음을 전하다가 잡혀 영문에서 천부장의 허락을 받아 백성들에게 변증을 합니다(행 22:1-21). 그 중에서 "홀연히 하늘로서 큰 빛이 둘러 비취는"하나님의 임재를 체험한 부분은 6-11절입니다.

> 가는데 다메섹에 가까왔을 때에 오정쯤 되어 홀연히 하늘로서 큰 빛이 나를 둘러 비취매 내가 땅에 엎드러져 들으니 소리 있어 가로되 사울아 사울아 네가 왜 나를 핍박하느냐 하시거늘 내가 대답하되 주여 뉘시니이까 하니 가라사대 나는 네가 핍박하는 나사렛 예수라 하시더라 나와 함께 있는 사람들이 빛은 보면서도 나더러 말하시는 이의 소리는 듣지 못하더라 내가 가로되 주여 무엇을 하리이까 주께서 가라사대 일어나 다메섹으로 들어가라 정한 바 너희 모든 행할 것을 거기

서 누가 이르리라 하시거늘 나는 그 빛의 광채를 인하여 볼 수 없게 되었으므로 나와 함께 있는 사람들의 손에 끌려 다메섹에 들어갔노라 (행 22:6-11).

바울은 하늘로서 큰 빛과 함께 예수님의 음성을 들었지만 같이 간 사람들은 빛은 보면서도 예수님의 소리를 듣지 못하였습니다.

또 한 번은 아그립바 왕에게 부활하신 예수님을 만난 체험을 증명하였습니다(행26:6-23). 그중에서 "해보다 더 밝은 빛"인 하나님의 임재를 체험한 부분은 사도행전 26장 13-18절입니다.

왕이여 때가 정오나 되어 길에서 보니 하늘로서 해보다 더 밝은 빛이 나와 내 동행들을 둘러 비추는지라 우리가 다 땅에 엎드러지매 내가 소리를 들으니 히브리 방언으로 이르되 사울아 사울아 네가 어찌하여 나를 핍박하느냐 가시채를 뒷발질하기가 네게 고생이니라 내가 대답하되 주여 뉘시니이까 주께서 가라사대 나는 네가 핍박하는 예수라 일어나 네 발로 서라 내가 네게 나타난 것은 곧 네가 나를 본 일과 장차 내가 네게 나타날 일에 너로 사환과 증인을 삼으려 함이니 이스라엘과 이방인들에게서 내가 너를 구원하여 저희에게 보내어 그 눈을 뜨게 하여 어두움에서 빛으로, 사단의 권세에서 하나님께로 돌아가게 하고 죄 사함과 나를 믿어 거룩케 된 무리 가운데서 기업을 얻게 하리라 하더이다 (행 26:13-18).

또한 바울은 하나님의 임재를 신비스럽게 체험하였습니다.

우리가 다 수건을 벗은 얼굴로 거울을 보는 것같이 주의 영광을 보매 저와 같은 형상으로 화하여 영광으로 영광에 이르니 곧 주의 영으로 말미암음이니라 (고후 3:18).
내가 이런 사람을 아노니(그가 몸 안에 있었는지 몸 밖에 있었는지 나는 모르거니와 하나님은 아시느니라) 그가 낙원으로 이끌려 가서 말할 수 없는 말을 들었으니 사람이 가히 이르지 못할 말이로다 (고후 12:3-4).

바울이 그의 육체적 눈으로 승천하신 예수님을 보았을 때 그의 귀로는 그분이 말씀하시는 것을 들었습니다. 바울에게 임한 그리스도의 내적 계시는 그리스도의 임재로 더 깊이 체험하였습니다. "이제 내가 산 것이 아니요 오직 내 안에 그리스도께서 사신 것이라"(갈 2:20).
하나님의 임재를 체험한 사도 바울은 예수 그리스도를 만남으로 세계의 역사를 바꾸었습니다. 그러나 같이 가던 사람들은 소리만 듣고 아무것도 보지 못하고 그저 멍하니 서 있을 뿐이었습니다. 이와 같이 하나님의 임재를 체험하는 영적인 신앙생활에는 놀라운 유익이 있고 주님을 위해 신실하게 헌신할 수 있습니다.

사도 요한

밧모라는 섬에 유배되어 하나님의 보좌와, 보좌에 계시는 하나님이신 영광스런 예수님을 보았습니다. 요한의 이름의 뜻은 '여호와의 사랑하는 자' 입니다. 요한은 세베대의 아들이며 사도 야고보의 형제입니다. 요한은 요한복음, 요한 1, 2, 3서, 요한계시록의 저자입니다.
사도 요한은 갈릴리의 한 어촌에서 자랐습니다. 요한의 가족은 성경에 나오는 사람만도 네 사람 있습니다. 먼저 어부인 아버지 세베대(막 1:19-20)와 어머니 살로메(마 27:56, 막 15:40)입니다. 살로메는 예수의 모친 마리아의 자매라고도 하나 확실하지 않습니다. 살로메는 열심히 예수를 따랐으나 그 아들들을 영광의 자리에 앉힐 것을 구하여 어머니다운 이기심을 보인 적도 있습니다(마 20:20-21).

사도 요한은 처음 세례 요한의 제자였으나 예수님의 제자가 되었습니다. 요한은 갈릴리 해변에서 아버지와 형제 야고보와 같이 배에서 그물을 깁고 있을 때 예수님을 만난 것입니다. 그 때 예수님의 "나를 따라 오너라"는 부르심에 순종하여 이 형제들은 즉시 배와 부친을 버려둔 채 예수님을 따랐습니다(마 4:21, 막 1:19, 눅 5:1-11).

요한은 예수님께서 갈릴리 전도를 시작하자 주님과 같이 동행했으며, 12제자 중 한 사람으로 선택되어(마 10:2, 막 3:17, 눅 6:14) 그 중에서도 가장 예수의 사랑을 받았으며, 베드로와 야고보와 더불어 항상 예수님 곁에 있었습니다(눅 8:49-56, 마 17:1-8, 막 14:32-42).

요한은 정열적이고 과격한 성격의 일면도 있었습니다. 예수님을 받아들이지 않는 사마리아인의 촌에 하늘로부터 불을 내리게 하자고 제안하였고(눅9:54), 예수를 따르지 않는 사람에게 예수의 이름으로 귀신 쫓아내는 것을 금지시켰습니다(눅 9:49). 그래서 예수께서는 그에게 '보아너게(우뢰)'란 이름을 붙였었습니다(막 3:17).

요한은 특별한 때에 주님 옆에 있는 것이 허락되었습니다. 즉 최후의 만찬 자리에서 예수님의 가슴에 기대었던 것과 십자가상에서 최후의 순간 예수님께로부터 어머니 마리아를 부탁받았습니다(눅 22:8, 요 13:23, 19:26, 27).

요한은 십자가까지 예수님을 따라가 그 최후를 지켜본 유일한 제자이며 예수님이 부활하신 날 아침 베드로와 함께 무덤에 갔습니다. 요한은 막달라 마리아로부터 돌이 무덤에서 옮겨진 이야기를 듣고 빨리 달려가서 예수님이 부활하신 것을 믿었습니다(요 20:1-10). 그 후 몇 차례 부활하신 주님을 만났습니다.

또한 요한은 베드로와 함께 성전 미문의 앉은뱅이를 치유하는 사역을 하였습니다(행 3:1-10).

제 구 시 기도 시간에 베드로와 요한이 성전에 올라갈새 나면서 앉은뱅이 된 자를 사람들이 메고 오니 이는 성전에 들어가는 사람들에게 구걸하기 위하여 날마다 미문이라는 성전문에 두는 자라 그가 베드로와 요한이 성전에 들어가려 함을 보고 구걸하거늘 베드로가 요한으로 더불어 주목하여 가로되 우리를 보라 하니 그가 저희에게 무엇을 얻을까 하여 바라보거늘 베드로가 가로되 은과 금은 내게 없거니와 내게 있는 것으로 네게 주노니 곧 나사렛 예수 그리스도의 이름으로 걸으라 하고 오른손을 잡아 일으키니 발과 발목이 곧 힘을 얻고 뛰어 서서 걸으며 그들과 함께 성전으로 들어가면서 걷기도 하고 뛰기도 하며 하나님을 찬미하니 모든 백성이 그 걷는 것과 및 하나님을 찬미함을 보고 그 본래 성전 미문에 앉아 구걸하던 사람인 줄 알고 그의 당한 일을 인하여 심히 기이히 여기며 놀라니라(행 3:1-10).

사도 요한의 마지막은 예수님의 복음을 증거 하는 일을 하다가 밧모라 하는 섬에 유배되어 살았습니다.

유배지 밧모 섬에서의 환상

첫 번째 요한이 환상 중에 체험한 하나님의 임재는 요한계시록 1장 9-20절입니다.

나 요한은 너희 형제요 예수의 환난과 나라와 참음에 동참하는 자라 하나님의 말씀과 예수의 증거를 인하여 밧모라 하는 섬에 있었더니 주의 날에 내가 성령에 감동하여 내 뒤에서 나는 나팔 소리 같은 큰 음성을 들으니 가로되 너 보는 것을 책에 써서 에베소, 서머나, 버가모, 두아디라, 사데, 빌라델비아, 라오디게아 일곱 교회에 보내라 하시기로 몸을 돌이켜 나더러 말한 음성을 알아보려고 하여 돌이킬 때에 일곱 금촛대를 보았는데 촛대 사이에 인자 같은 이가 발에 끌리는 옷을 입고 가슴에 금띠를 띠고 그 머리와 털의 희기가 흰 양털 같고 눈 같으며 그의 눈은 불꽃 같고 그의 발은 풀무에 단련한 빛난 주석 같고 그의 음성은 많은 물소리와 같으며 그 오른손에 일곱별이 있고 그 입에서 좌우에 날선 검이 나오고 그 얼굴은 해가 힘 있게 비취는 것 같더라 내가 볼 때에 그 발 앞에 엎드러져 죽은 자같이 되매 그가 오른손을 내게 얹고 가라사대 두려워 말라 나는 처음이요 나중이니 곧 산 자라 내가 전에 죽었었노라 볼지어다 이제 세세토록 살아 있어 사망과 음부의 열쇠를 가졌느니 그러므로 네 본 것과 이제 있는 일과 장차 될 일을 기록하라 네 본 것은 내 오른손에 일곱별의 비밀과 일곱 금촛대라 일곱 별은 일곱 교회의 사자요 일곱 촛대는 일곱 교회니라.

요한이 환상을 허락받을 때 있던 곳은 밧모 섬이었습니다. 밧모 섬에서 감금 상태로 있었던 것은 악행자였기 때문이 아니라 예수를 증거 한 것 때문에 당한 고난이었습니다. 이러한 환난 가운데서도 영광의 영, 하나님의 영이 사도 요한에게 임하여 환상을 보았습니다.

요한이 이 환상을 받은 날과 시간은 주의 날이었습니다. 그리고 성령에 감동되어 있었습니다. 그는 환상을 받기 전에 성령의 감동으로 하나님의 음성을 들었습니다.

마치 나팔 소리가 나듯이 경종이 울리는 그때 사도 요한은 한 음성을 들었습니다. 그것은 이제 그에게 계시될 것들을 써서 즉시 아시아의 일곱 교회에 보내라는 - 사도에게 명령하시는 - 처음이요 나중 되신 그리스도의 음성이었습니다.

그리고 사도 요한에게 보여 진 놀라운 환상은 일곱 금 촛대와 금 촛대 사이에 있는 주 예수 그리스도의 상징적인 모습이었습니다.

예수 그리스도께서 이렇게 나타나실 때 사도 요한이 받은 인상은 예수님이 찬란한 영광 가운데 나타나시자 그 위대함에 압도되어 버렸다는 것입니다. 찬란한 영광 가운데 계신 주 예수님께서 요한에게 겸손히 베푸신 인자(goodness)는 요한을 일으켜 세우셨으며 그에게 위로와 격려를 해 주셨습니다.

> "오른손을 내게 얹고 가라사대 두려워 말라 나는 처음이요 나중이니 곧 산 자라 내가 전에 죽었었노라 볼지어다 이제 세세토록 살아 있어 사망과 음부의 열쇠를 가졌노니"

예수님은 두려워 떨고 있는 요한에게 오른손으로 안수하고 두려워 말라고 하셨습니다. 그리고 자신이 누구인가를 말씀하셨습니다.

첫째, 주님은 처음과 나중이 되시는 본성을 알려 주셨습니다. 둘째, 주님은 전에 죽었다가 다시 사신 주라는 것을 알려 주셨습니다. 셋째, 자신의 부활과 살아있음을 알려 주십니다. 즉 "나는 산 자라 이제 세세토록 살아 있다." 넷째, 자신의 직무와 권위를 알려 주십니다. "사망과 음부의 열쇠를 가졌노니." 즉 예수님은 보이지 않는 세계를 다스리는 주권을 가졌습니다. 다섯째, 자신의 뜻과 바라는 바를 알려 주십니다. " 네가 본 것과 이제 있는 일과 장차 될 일을 기록하라." 여섯째, 일곱별과 일곱 촛대의 의미를 알려 주십니다. "일곱 별은 일곱 교회의 사자요, 일곱 촛대는 일곱 교회니라."

요한은 하나님의 보좌에 계신 주님의 영광스러운 모습과 하나님의 임재 앞에 엎드려져 죽은 자같이 되었을 때 주님으로부터 본 것과, 있는 일과 장차 될 일을 기록하는 사명을 받았습니다. 그리고 일곱 별과 일곱 촛대의 의미를 깨닫게 되었습니다.

하늘 보좌에서의 환상

사도 요한은 두 번째로 성령님의 감동으로 하늘로 올라가 보좌에 앉으신 예수님과 하늘의 보좌를 보았습니다.

이 일 후에 내가 보니 하늘에 열린 문이 있는데 내가 들은 바 처음에 내게 말하던 나팔 소리 같은 그 음성이 가로되 이리로 올라오라 이후에 마땅히 될 일을 내가 네게 보이리라 하시더라 내가 곧 성령에 감동하였더니 보라 하늘에 보좌를 베풀었고 그 보좌 위에 앉으신 이가 있는데 앉으신 이의 모양이 벽옥과 홍보석 같고 또 무지개가 있어 보좌에 둘렸는데 그 모양이 녹보석 같더라 또 보좌에 둘려 이십사 보좌들이 있고 그 보좌들 위에 이십사 장로들이 흰 옷을 입고 머리에 금 면류관을 쓰고 앉았더라 보좌로부터 번개와 음성과 뇌성이 나고 보좌 앞에 일곱 등불 켠 것이 있으니 이는 하나님의 일곱 영이라 보좌 앞에 수정과 같은 유리 바다가 있고 보좌 가운데와 보좌 주위에 네 생물이 있는데 앞뒤에 눈이 가득하더라 그 첫째 생물은 사자 같고 그 둘째 생물은 송아지 같고 그 셋째 생물은 얼굴이 사람 같고 그 넷째 생물은 날아가는 독수리 같은데 네 생물이 각각 여섯 날개가 있고 그 안과 주위에 눈이 가득하더라 그들이 밤낮 쉬지 않고 이르기를 거룩하다 거룩하다 거룩하다 주 하나님 곧 전능하신 이여 전에도 계셨고 이제도 계시고 장차 오실 자라 하고 이십사 장로들이 보좌에 앉으신 이 앞에 엎드려 세세토록 사시는 이에게 경배하고 자기의 면류관을 보좌 앞에 던지며 가로되 우리 주 하나님이여 영광과 존귀와 능력을 받으시는 것이 합당하오니 주께서 만물을 지으신지라 만물이 주의 뜻대로 있었고 또 지으심을 받았나이다 하더라(계 4:1-8).

요한계시록 4장에는 사도 요한이 받은 두 번째 환상이 자세하게 묘사되어 있습니다.

사도 요한이 환상을 받기 전에는 하늘에 열린 문을 여시고 나팔소리가 들리고, 그가 하늘로 불려 올라가서 이후에 마땅히 될 일을 거기서 보았습니다. 사도 요한은 성령에 감동되었고 황홀경에 빠져 있었습니다. 그의 영은 예언의 영을 소유하고 있었고 완전히 거룩한 힘의 지배하에 있었습니다.

사도 요한이 본 환상을 2-8절에서 자세하게 볼 수 있습니다.

- 하늘에 베풀어진 보좌는 영예와 권세와 심판의 자리였습니다. 지상의 보좌는 모두 하늘에 베풀어진 이 보좌의 권한 아래에 있습니다.
- 보좌 위에 영광스러운 분이 앉아 있는, 하나님을 보았습니다. 하나님의 모양은 벽옥과 홍보석 같은 초월적인 광채와 무지개가 보좌에 둘렸는데 그 모양이 녹보석 같았습니다(3절).
- 하나님의 보좌 주위에 이십 사 보좌들이 있고, 이십 사 장로들이 앉아 있는 것을 보았습니다.
- 번개와 음성이 보좌로 부터 나옴을 알았습니다.
- 보좌 앞에 일곱 개 등불 켠 것을 보았습니다(5절).
- 보좌 앞에 수정과 같은 유리 바다가 있는 것을 보았습니다.
- 네 생물이 보좌와 장로들의 원 사이에, 하나님과 백성들 사이에 서 있는 것을 보았습니다. 이들은 밤에도 낮에도 쉬지 않습니다. 하나님의 보좌에 앉아 계신 하나님께 천사들과 이십사 장로들이 찬양과 영광을 돌렸습니다.

하나님과 어린양 예수님

내가 보매 보좌에 앉으신 이의 오른손에 책이 있으니 안팎으로 썼고 일곱 인으로 봉하였더라 또 보매 힘있는 천사가 큰 음성으로 외치기를 누가 책을 펴며 그 인을 떼기에 합당하냐 하니 하늘 위에나 땅 위에나 땅 아래에 능히 책을 펴거나 보거나 할 이가 없더라 이 책을 펴거나 보거나 하기에 합당한 자가 보이지 않기로 내가 크게 울었더니 장로 중에 하나가 내게 말하되 울지 말라 유대 지파의 사자 다윗의 뿌리가 이기었으니 이 책과 그 일곱 인을 떼시리라 하더라 내가 또 보니 보좌와 네 생물과 장로들 사이에 어린 양이 섰는데 일찍 죽임을 당한 것 같더라 일곱 뿔과 일곱 눈이 있으니 이 눈은 온 땅에 보내심을 입은 하나님의 일곱 영이더라 어린 양이 나아와서 보좌에 앉으신 이의 오른손에서 책을 취하시니라 책을 취하시매 네 생물과 이십사 장로들이 어린 양 앞에 엎드려 각각 거문고와 향이 가득한 금대접을 가졌으니 이 향은 성도의 기도들이라 새 노래를 노래하여 가로되 책을 가지시고 그 인봉을 떼기에 합당하시도다 일찍 죽임을 당하사 각 족속과 방언과 백성과 나라 가운데서 사람들을 피로 사서 하나님께 드리시고 저희로 우리 하나님 앞에서 나라와 제사장을 삼으셨으니 저희가 땅에서 왕 노릇 하리로다 하더라(계 5:1-10).

사도 요한은 보좌에 계신 하나님과 그 옆에 계신 주님이 어린 양의 모습으로 계신 것과 그 어린 양에게 천사들과 장로들이 찬송하고 엎드려 경배하는 것을 보았습니다.

내가 또 보고 들으매 보좌와 생물들과 장로들을 둘러선 많은 천사의 음성이 있으니 그 수가 만만이요 천천이라 큰 음성으로 가로되 죽임을 당하신 어린 양이 능력과 부와 지혜와 힘과 존귀와 영광과 찬송을 받으시기에 합당하도다 하더라 내가 또 들으니 하늘 위에와 땅 위에와 땅 아래와 바다 위에와 또 그 가운데 모든 만물이 가로되 보좌에 앉으신 이와 어린 양에게 찬송과 존귀와 영광과 능력을 세세토록 돌릴지어다 하니 네 생물이 가로되 아멘 하고 장로들은 엎드려 경배하더라 (계 5:11-14).

사도 요한은 새 하늘과 새 땅을 보고, 보좌에 앉으신 하나님이 요한에게 다음과 같이 말씀하셨습니다.

또 내가 새 하늘과 새 땅을 보니 처음 하늘과 처음 땅이 없어졌고 바다도 다시 있지 않더라 또 내가 보매 거룩한 성 새 예루살렘이 하나님께로부터 하늘에서 내려오니 그 예비한 것이 신부가 남편을 위하여 단장한 것 같더라 내가 들으니 보좌에서 큰 음성이 나서 가로되 보라 하나님의 장막이 사람들과 함께 있으매 하나님이 저희와 함께 거하시리니 저희는 하나님의 백성이 되고 하나님은 친히 저희와 함께 계셔서 모든 눈물을 그 눈에서 씻기시매 다시 사망이 없고 애통하는 것이나 곡하는 것이나 아픈 것이 다시 있지 아니하리니 처음 것들이 다 지나갔음이러라 보좌에 앉으신 이가 가라사대 보라 내가 만물을 새롭게 하노라 하시고 또 가라사대 이 말은 신실하고 참되니 기록하라 하시고 또 내게 말씀하시되 이루었도다 나는 알파와 오메가요 처음과 나중이라 내가 생명수 샘물로 목마른 자에게 값없이 주리니 이기는 자는 이것들을 유업으로 얻으리라 나는 저의 하나님이 되고 그는 내 아들이 되리라 그러나 두려워하는 자들과 믿지 아니하는 자들과 흉악한 자들과 살인자들과 행음자들과 술객들과 우상 숭배자들과 모든 거짓 말하는 자들은 불과 유황으로 타는 못에 참여하리니 이것이 둘째 사망이라(계 21:1-8).

마지막으로 주님은 요한에게 다시 오신다고 약속하시면서, 상으로 각 사람에게 일한대로 갚아 주신다고 하셨습니다.

또 그가 내게 말하기를 이 말은 신실하고 참된지라 주 곧 선지자들의 영의 하나님이 그의 종들에게 결코 속히 될 일을 보이시려고 그의 천사를 보내셨도다 보라 내가 속히 오리니 이 책의 예언의 말씀을 지키는 자가 복이 있으리라 하더라 이것들을 보고 들은 자는 나 요한이니 내가 듣고 볼 때에 이 일을 내게 보이던 천사의 발 앞에 경배하려고 엎드렸더니 저가 내게 말하기를 나는 너와 네 형제 선지자들과 또 이 책의 말을 지키는 자들과 함께 된 종이니 그리하지 말고 오직 하나님께 경배하라 하더라 또 내게 말하되 이 책의 예언의 말씀을 인봉하지 말라 때가 가까우니라 불의를 하는 자는 그대로 불의를 하고 더러운 자는 그대로 더럽고 의로운 자는 그대로 의를 행하고 거룩한 자는 그대로 거룩되게 하라 보라 내가 속히 오리니 내가 줄 상이 내게 있어 각 사람에게 그의 일한 대로 갚아 주리라 나는 알파와 오메가요 처음과 나중이요 시작과 끝이라(계 22:6-13).

사도 요한은 요한복음에서 예수님이 육신으로 오셔서 거하실 때 하나님의 영광을 보는 것으로 설명하였습니다.

영접하는 자 곧 그 이름을 믿는 자들에게는 하나님의 자녀가 되는 권세를 주셨으니 이는 혈통으로나 육정으로나 사람의 뜻으로 나지 아니하고 오직 하나님께로서 난 자들이니라 말씀이 육신이 되어 우리 가운데 거하시매 우리가 그 영광을 보니 아버지의 독생자의 영광이요 은혜와 진리가 충만하더라(요 1:12-14).

사도 요한은 누구보다도 하나님의 임재하심을 가장 많이 체험한 사람이었습니다. 그는 가장 예수님의 사랑을 받았으며 가장 예수님을 사랑한 제자였습니다.

우리가 기억해야 할 것은 하나님께서 사용하셨던 성경의 훌륭한 인물들은 하나님의 임재를 체험한 사람들이었다는 것입니다. 그들은 하나님의 임재를 체험하였을 때 두려움과 함께 삶의 획기적인 변화를 맞았으며, 하나님의 부르심으로 귀하게 쓰임을 받았습니다.

04 하나님의 임재로 오는 축복

회개의 역사

이사야는 하나님의 임재를 체험한 중에서 자신의 죄를 회개하였을 때 하나님이 보내신 천사로부터 분명하고 확실하게 죄악이 씻어지고 죄사함을 받았습니다.

> 그때에 내가 외쳤다. "이제 나는 죽었구나. 입술이 더러운 이것이 입술이 더러운 사람들과 어울려 살면서 만군의 여호와이신 임금님을 눈으로 직접 뵙다니! 아, 이제 나는 저주받은 몸이 되었구나." 그러자 여러 스랍들 가운데서 한 스랍이 불집게로 제단에서 숯불을 하나 들고 내게로 날아와 내 입술에 숯불을 대면서 이렇게 말하였다. "보아라, 이것이 네 입술에 닿았으니 이제는 네 죄가 씻어졌고 네 허물이 깨끗해졌다" (사 6:5-7 현대어성경).

예수님 뵙기를 갈망한 삭개오는 그의 소원대로 예수님을 만났을 뿐만 아니라 회개의 열매를 맺었습니다.

> 예수께서 여리고로 들어 지나가시더라 삭개오라 이름하는 자가 있으니 세리장이요 또한 부자라 저가 예수께서 어떠한 사람인가 하여 보고자 하되 키가 작고 사람이 많아 할 수 없어 앞으로 달려가 보기 위하여 뽕나무에 올라가니 이는 예수께서 그리로 지나가시게 됨이러라 예수께서 그 곳에 이르사 우러러 보시고 이르시되 삭개오야 속히 내려오라 내가 오늘 네 집에 유하여야 하겠다 하시니 급히 내려와 즐거워하며 영접하거늘 뭇 사람이 보고 수군거려 가로되 저가 죄인의 집에 유하러 들어갔도다 하더라 삭개오가 서서 주께 여짜오되 주여 보시옵소서 내 소유의 절반을 가난한 자들에게 주겠사오며 만일 뉘 것을 토색한 일이 있으면 사 배나 갚겠나이다 예수께서 이르시되 오늘 구원이 이 집에 이르렀으니 이 사람도 아브라함의 자손임이로다 인자의 온 것은 잃어버린 자를 찾아 구원하려 함이니라(눅 19:1-10).

삭개오는 구체적이고 공개적으로 회개를 하였습니다.

> 삭개오가 서서 주께 여짜오되 주여 보시옵소서 내 소유의 절반을 가난한 자들에게 주겠사오며 만일 뉘 것을 토색한 일이 있으면 사 배나 갚겠나이다(눅 19:8).

삭개오는 주님을 만나고 난 후 진실한 회개를 한 것입니다. 이런 삭개오에게 하나님의 축복이 임하였습니다. "예수께서 이르시되 오늘 구원이 이집에 이르렀으니 이 사람도 아브라함의 자손이로다 인자가 온 것은 잃어버린 자를 찾아 구원하려 함이니라"(눅 19:9-10).

우리가 꼭 해야 할 것이 있습니다. 그것은 회개하는 것입니다. 회개하는 것은 축복을 받는 통로이고, 회개하지 않으면 망하게 되기 때문입니다. 예수님께서 회개하는 것이 얼마나 중요한 것인가를 여러 번 말씀하십니다.

> 이때부터 예수께서 비로소 전파하여 가라사대 회개하라 천국이 가까웠느니라 하시더라(마 4:17).
> 너희에게 이르노니 아니라 너희도 만일 회개치 아니하면 다 이와 같이 망하리라 (눅 13:3).
> 너희에게 이르노니 아니라 너희도 만일 회개치 아니하면 다 이와 같이 망하리라 (눅 13:5).

예수님께서 이 말씀을 하시게 된 배경은 그 당시 백성의 감정을 자극하는 두 사건이 있었습니다. 하나는 갈릴리 순례자들이 예루살렘 성전에 그들의 희생제물을 바치려고 했을 때 총독 빌라도가 그들 가운데 얼마를 학살하였습니다. 또 하나의 사건은 실로암 연못 근처에 성벽의 망대가 무너져 열 여덟 사람이 치어 죽었습니다.

그 당시 지배적인 영향을 주던 사람들인 바리새인들은 인과응보 사상으로 그 희생은 어떤 특별한 죄로 말미암아 초래된 것이라고 생각했었습니다.

예수님은 이러한 보고를 들으신 후 다음과 같이 답하셨습니다. 예수 그리스도께서는 그의 말씀을 듣는 자들에게 이와 유사한 사건들을 악용하지 말 것과 마치 그들이 받는 큰 고통으로 보아, 그들을 흉악한 죄를 지은 자들로 단정하여 그러한 큰 고통 받는 자들을 비난할 기회로 삼지 말 것을 경고하셨습니다. 그리고 이 이야기를 근거로 다음과 같은 각성의 말씀을 더하여 회개에의 부름을 선포하셨습니다.

> 너희에게 이르노니 아니라 너희도 만일 회개치 아니하면 다 이와 같

이 망하리라 또 실로암에서 망대가 무너져 치어 죽은 열여덟 사람이 예루살렘에 거한 모든 사람보다 죄가 더 있는 줄 아느냐 너희에게 이르노니 아니라 너희도 만일 회개치 아니하면 다 이와 같이 망하리라 (눅 13:3-5).

매튜헨리 주석가는 이 본문에 대한 주석을 다음과 같이 설명하였습니다.[13]

① 이 말씀은 우리 모두가 그들이 당했던 만큼 당연히 멸망하여야함을 의미하고 있다. 우리도 죄인일 뿐만 아니라 그들보다 더 나을 것도 없는 큰 죄인으로 그들이 고난받은 것 못지않게 회개해야 할 큰 죄를 지은 자들이기에 다른 사람들에 대한 비난을 누그러뜨릴 수 있어야 한다. ②따라서 우리는 회개하기를 힘써 잘못했던 모든 것을 뉘우치고 더 이상 죄를 범하지 않도록 해야 한다. 다른 사람에게 임한 하나님의 심판이 큰 소리로 우리에게 회개할 것을 요청하고 있는 것이다. ③이 회개만이 멸망으로부터 구원받을 수 있는 길이며 가장 확실한 길이다. ④만일 우리가 회개치 않으면 우리 전에 당했던 다른 사람들처럼 우리 또한 멸망당할 것은 자명한 일이다. 회개하지 않는다면 그들이 이 세상에서 죽은 것처럼 우리도 영원히 죽을 수밖에 없다. 하늘나라가 가까이 왔음으로 회개하라고 우리를 부르신 바로 그 예수께서 또한 우리에게 멸망하지 않으려면 회개하라고 명하시고 계시다. 이처럼 그는 우리 앞에 죽음과 생명, 선과 악을 놓으시고 우리로 하여금 선택하도록 요구하신다.

토미 테니는 회개 없이는 하나님의 임재 안에 살수 없다고 다음과 같

---

13) 슈퍼바이블, 누가복음 주석

이 설명하였습니다.[14]

회개는 우리의 마음을 닦고 곧게 한다. 회개는 우리 삶과 교회, 가정의 모든 낮은 곳을 높이고 모든 높은 곳을 깎는다. 하나님의 임재에 대해 우리를 준비시킨다. 사실 회개 없이는 그분의 임재 안에 살 수 없다. 회개가 있기에 그분의 임재를 추구할 수 있다. 회개는 우리가 하나님께, 또는 하나님이 우리에게 이르실 길을 닦는다, 세례 요한에게 물어보라. 그가 길을 닦았을 때 예수께서 그 길로 오셨다.

요엘 선지자는 회개를 외쳤습니다.

제사장들아 너희는 굵은 베로 동이고 슬피 울지어다 단에 수종드는 자들아 너희는 곡할지어다 내 하나님께 수종드는 자들아 너희는 와서 굵은 베를 입고 밤이 맞도록 누울지어다 이는 소제와 전제를 너희 하나님의 전에 드리지 못함이로라 너희는 금식일을 정하고 성회를 선포하여 장로들과 이 땅 모든 거민을 너희 하나님 여호와의 전으로 몰수히 모으고 여호와께 부르짖을지어다 오호라 그 날이여 여호와의 날이 가까왔나니 곧 멸망같이 전능자에게로서 이르리로다(욜 1:13-15).

하나님을 만나게 되면 죄가 드러나고 회개할 수밖에 없습니다.
욥이 하나님을 뵙고 "내가 스스로 한하고 티끌과 재 가운데서 회개하나이다"라고 고백하였습니다.

욥이 여호와께 대답하여 가로되 주께서는 무소불능 하시오며 무슨 경영이든지 못 이루실 것이 없는 줄 아오니 무지한 말로 이치를 가리우

---

14) 하나님을 갈망합니다. 두란노. p. 32

는 자가 누구니이까 내가 스스로 깨달을 수 없는 일을 말하였고 스스로 알 수 없고 헤아리기 어려운 일을 말하였나이다 내가 말하겠사오니 주여 들으시고 내가 주께 묻겠사오니 주여 내게 알게 하옵소서 내가 주께 대하여 귀로 듣기만 하였삽더니 이제는 눈으로 주를 뵈옵나이다 그러므로 내가 스스로 한하고 티끌과 재 가운데 회개하나이다 (욥42:1-6).

우리가 회개할 때 깊은 회개까지 있어야 합니다. 우리가 하나님보다 돈이나 명예를 높이는 것, 우리 마음속에 있는 불신앙, 쓴 뿌리, 교만, 자아, 용서하지 못한 죄 등을 회개하고 없애 버려야 합니다.

참된 회개는 "저의 모든 죄를 사해주십시오"라는 단순하게 하는 회개가 아니라 일상생활에서의 구체적인 잘못들을 직시해 인정하며 고백하고 그리고 겸손하게 하나님께 매달려 새사람이 되는 것입니다.

하나님이 임재하실 때 애통함과 회개가 있고 거룩한 삶을 살 수 있습니다. 하나님께서 가장 원하시는 것은 거룩한 삶으로 하나님의 형상을 닮는 것입니다.

부흥의 역사

하나님의 임재를 체험한 사람들은 성전으로 더 가까이 나가길 갈망합니다. 에스겔 선지자는 성전에서 흘러나오는 놀라운 강물의 환상을 보았습니다.

그가 나를 데리고 전 문에 이르시니 전의 전면이 동을 향하였는데 그 문지방 밑에서 물이 나와서 동으로 흐르다가 전 우편 제단 남편으로 흘러내리더라 그가 또 나를 데리고 북문으로 나가서 바깥 길로 말미암아 꺾여 동향한 바깥문에 이르시기로 본즉 물이 그 우편에서 스미어 나오더라 그 사람이 손에 줄을 잡고 동으로 나아가며 일천 척을 척량한 후에 나로 그 물을 건너게 하시니 물이 발목에 오르더니 다시 일천 척을 척량하고 나로 물을 건너게 하시니 물이 무릎에 오르고 다시 일천 척을 척량하고 나로 물을 건너게 하시니 물이 허리에 오르고 다시 일천 척을 척량하시니 물이 내가 건너지 못할 강이 된지라 그 물이 창일하여 헤엄할 물이요 사람이 능히 건너지 못할 강이더라 그가 내게 이르시되 인자야 네가 이것을 보았느냐 하시고 나를 인도하여 강가로 돌아가게 하시기로 내가 돌아간즉 강 좌우편에 나무가 심히 많더라 그가 내게 이르시되 이 물이 동방으로 향하여 흘러 아라바로 내려가서 바다에 이르리니 이 흘러내리는 물로 그 바다의 물이 소성함을 얻을지라 이 강물이 이르는 곳마다 번성하는 모든 생물이 살고 또 고기가 심히 많으리니 이 물이 흘러 들어가므로 바닷물이 소성함을 얻겠고 이 강이 이르는 각처에 모든 것이 살 것이며 또 이 강가에 어부가 설 것이니 엔게디에서부터 에네글라임까지 그물 치는 곳이 될 것이라 그 고기가 각기 종류를 따라 큰 바다의 고기같이 심히 많으려니와 그 진펄과 개펄은 소성되지 못하고 소금 땅이 될 것이며 강 좌우 가에는 각종 먹을 실과나무가 자라서 그 잎이 시들지 아니하며 실과가 끊치지 아니하고 달마다 새 실과를 맺으리니 그 물이 성소로 말미암아 나옴이라 그 실과는 먹을 만하고 그 잎사귀는 약 재료가 되리라 (겔 47:1-12).

에스겔은 성전으로부터 솟아나온 거룩한 생수와 그 활동력이 성전 문 지방에서부터 발원하여 황폐해 있던 온 이스라엘 땅을 소성시키는 강으로 발전하는 환상을 보았습니다. 우리는 이 환상을 함께 생각하며 이 이

---

15) 크리스탈 강해설교, 에스겔 참조

상의 교훈을 살펴보겠습니다.[15]

 전에 에스겔은 바벨론 이방의 '그발 강가'(겔 1:3)에서 예언자로서 하나님께 부르심을 입었습니다. 그리고 그때 하나님께 받은 메시지는 '이스라엘의 파멸'이었습니다. 그런데 에스겔이 여기에서 보는 환상은 하나님의 성전 문지방으로부터 놀라운 생명수가 솟아나오는 것입니다. 강, 특히 "솟아나는 생수의 강'은 물이 귀한 팔레스틴에서는 그야말로 생명과 번영의 상징입니다. 애굽, 앗수르, 바벨론 등 역사상의 모든 대제국들은 모두 이 강들로 인해 번영했습니다. 그러나 이스라엘 땅에는 그러한 큰 강이 없었습니다. 따라서 이제 에스겔에게 '생수의 강'의 이상을 보여 주심은 이스라엘의 회복과 번영의 소망을 주신 것입니다. 그리고 이 회복과 번영의 소망은 이제까지 제국들이 누렸던 번영과는 그 질에 있어서 크게 다릅니다. 즉 이제까지 대제국들은 물질적인 번영만 누렸고, 그래서 결국에는 물질적 쇠퇴와 함께 역사에서 사라져 갔지만, 이스라엘은 영적인 번영을 함으로써 영원히 역사에 남을 것입니다.

 거룩한 생명의 근원인 생수는 지성소로부터 솟아나와 성전 밖의 황폐한 세계로 강이 되어 흐르며 온 땅을 소성케 했다고 했습니다(8절).

 인생들의 모든 희망과 생명은 오직 '하나님께로부터' 주어진다는 것을 깨우쳐 주시고자 주신 이상이라 아니할 수 없습니다. 예수께서는 자신이 온 인류의 '생수'라고 하셨습니다(참조 요 4:14). 사도 바울은 이러한 예수 그리스도의 간증을 근거로 이스라엘 백성들이 광야에서 마셨던 생수의 근원인 반석이 그리스도라고 했습니다(참조 고전 10:4).

 한마디로 말해서 이 세상에서 우리에게 생명을 주실 수 있는 분은 오직 예수 그리스도 한 분밖에 없습니다(참조 행 4:12). 예수 그리스도만이 우리 삶의 생수인 것입니다. 따라서 생명 얻기를 원하는 자들은 모든 인간적인 노력과 공로를 버리고 주께 나아와야 합니다. 주께 나아와 그의 십자가의 대속의 공로를 의지해야 합니다.

거룩한 생수의 강안으로 발을 옮겨야 합니다.

"나로 그 물을 건너게 하시니 물이 발목에 오르더니(3절)" 강은 '생명과 번영'의 상징이기도 하지만 '공포의 죽음'의 상징이기도 합니다(참조 시124:4).

그 옛날 이스라엘 백성들이 여호수아의 인도 하에 요단강을 건너갈 때는 죽음을 각오하고 오직 믿음으로 첫발을 강으로 옮겼다는 사실을 우리는 기억해야 합니다(참조 수 3:13-17).

에스겔도 우선 "발목부터" 하나님의 명령을 따라 그 강에 집어넣었다고 합니다. 기독교 신앙은 이와 같이 '생명을 건 결단과 순종'을 요구합니다(참조 마 10:38-39, 롬 6:1-11).

"다시 일천 척을 척량하고 나로 물을 건너게 하시니 물이 무릎에 오르고… 허리에 오르고"(4절). '일천 척'의 거리는 매우 긴 여정을 뜻합니다. 하나님께서는 에스겔로 하여금 쉬지 않고 계속 그 생수의 강 깊은 곳으로 들어가라고 하셨음을 의미하는 것입니다. 신앙에는 '정상'이 없습니다. 끝없는 전진을 모색해야 합니다(참조 마 18:2-3, 엡 4:13-14, 빌 3:11-15, 딤전 4:15).

우리가 저 천성을 향해 가기까지는 수많은 환난과 시련과 장애물이 있을 것입니다. 그러나 "뒤로 물러나면 내 마음이 저를 기뻐하지 아니하니라"(히 10:38)고 말씀하셨습니다. "우리는 뒤로 물러나 침륜에 빠질 자가 아니요 오직 영혼을 구원함에 이르는 믿음을 가진 자니라"(히 10:39).

생수의 강에 온전히 자신을 맡겨야 합니다. 에스겔이 더 나가다 보니 도저히 인간의 힘으로는 건널 수 없는 깊이까지 도달했다고 했습니다(5절). 그리고 하나님께서 이와 같은 체험을 '보았느냐'(6절)고 물으셨다고 했습니다. "기독교 신앙은 바다에서 헤엄 치는 것과 같다."고 어떤 신학자는 말했습니다. 성도의 노력과 힘으로 하나님과 교제를 하고 죄악을 물리치며, 사명을 감당하는 것이 아님을 의미하는 말입니다. 왜냐하면 사람이 바다에서 헤엄칠 수 있는 것은 그 '기술' 때문이 아니라 그 바닷물 자체가 '사람을 뜨게 해주는 원리와 힘'이 있기에 수영이 가능합니다. 이처럼 성도들은 '그리스도의 구속의 은혜'를 떠나서는 아무것도 할 수 없는 존재임을 날이 갈수록 절감하게 될 것입니다(참조 요 15:1-5). 오직 "생명의 성령의 법"(롬 8:2)에 나의 영혼과 삶을 맡길 때 우리는 하나님의 나라로 능히 헤엄쳐 갈 수 있을 것입니다.

에스겔의 환상은 신비하고 영적이어서 해석을 필요로 합니다. 물은 무엇이며 성소에서 발원한다는 것은 무엇을 의미하는지 살펴봅시다.

복음을 의미하는 강물

물은 생물이 존재하기 위하여 없어서는 안 될 생명의 근원이요 생명 유지의 귀중한 요소입니다. 그래서 인류의 역사를 보면 물과 사람은 긴밀한 관계를 가지고 공존해 왔습니다. 물 없는 곳에는 사람이 살지 않았음이 이를 증명합니다. 또 물이 있는 곳에서는 놀라운 인간의 문명이 발생 했습니다. 애굽의 나일강, 중국의 황하강과 양자강, 인도의 갠지스강, 메소포타미아의 티그리스강과 유브라데스강 등이 그 대표적인 예입니다. 그리고 현대에도 도시의 발달은 강을 중심으로 하고 있습니다. 서울의 한강, 파리의 세느강, 런던의 테임즈강 등이 그러합니다. 그러나 정작 물이 있어야 할 예루살렘 도성에는 강이 없었습니다. 그래서 본문 12절을 보면 "그 물이 성소로 말미암아 나옴이라"고 했습니다. 곧 인간을 살리는 것은 물리적인 물이 아니라는 사실을 말해 주는 것입니다(참조 요 4:13). 그리고 이것은 신약에 와서 예수 그리스도에 의해 밝히 드러났는데 예수께서는 복음만이 모든 인생에게 생명수를 제공함을 말씀하셨습니다(참조 요 4:14). 그리고 생명수가 되는 이 복음은 곧 예수 그리스도십니다(참조 고전 10:4). 따라서 예루살렘은 운명의 젖줄인 강을 가지고 있지는 않았지만 바로 생명의 젖줄인 복음을 가지고 있었던 것입니다.

강물의 근원이 "성소"(12절)라고 하였습니다. 1절에서는 더 구체적으로 "문지방 밑에서 물이 나와서"라고 말하였습니다. 하나님의 성령이 하늘의 시온으로부터 시작됨을 의미합니다(참조 사 2:3). 거기서 성령이 사도들 위에 임하셨고, 그들이 받은 은혜로 말미암아 이 물, 곧 은혜의 복음을 모든 나라에 전하게 된 것입니다. 이 은혜의 역사는 예루살렘으로부터 시작하여 유다와 사마리아와 땅 끝으로 퍼져 나갔습니다(참조 행 1:8).

매튜헨리 주석가는 이 물을 그리스도 복음의 상징으로 보고 다음과 같이 설명하였습니다.[16]

> 대부분 주석가들은 이 물이 그리스도의 복음을 상징한다는 것에 동의한다. 그것은 먼저 예루살렘으로부터 시작하여 근처의 나라로 퍼져가고, 거기에 동반되는 성령의 은사와 능력이 복음의 덕으로 인하여 널리 퍼지고, 신비하고도 복된 열매를 얻게 된다는 것이다.

생명의 역사를 의미하는 강물

생명의 역사는 세상을 구원하는 일이 일어납니다. 에스겔 47장 8절에 보면 "이 흘러내리는 물로 그 바다의 물이 소성함을 얻을 지라"고 하였습니다. 즉 성전으로 상징된(참조 요 2:19) 예수 그리스도의 죽음으로 발원하기 시작한 복음의 생수의 강이 온 세상을 살리는 것을 의미하는 것입니다. 아담 이후 세상은 죄악으로 오염되어 있었고 그 죄로 인해 멸망 당할 수밖에 없었습니다. 세월의 흐름과 함께 개선의 조짐은 커녕 오히려 더욱 극심하게 타락해 갔습니다. 그래서 인류의 멸망은 기정 사실화되었습니다. 그러나 주님이 오심으로 세상에는 변화가 일어났습니다.

---

16) 매튜헨리 주석, 에스겔(하), P.372

죽어가던 그들에게 살 길이 열린 것입니다. 그리고 그것은 예루살렘에서 발원했지만 예루살렘에만 머물지 않았습니다. 그것은 도도한 흐름을 이루고 주위의 사마리아를 변화시켰으며, 또 소아시아와 유럽, 아프리카와 아시아로 흘러 세계를 변화시켰습니다.

복음을 접하는 모든 사람에게 영생을 얻는 생명의 역사가 일어날 것을 말씀한 것입니다. 첫째는 질병으로부터 벗어나서 사는 역사가 일어납니다(참조 막 1:34). 둘째는 귀신으로부터 해방되어 사는 역사가 일어납니다(참조 막 1:21-26). 셋째는 죄로부터 구원받아 사는 역사가 일어납니다(참조 막2:17, 요 1-11). 넷째는 근심으로부터 벗어나서 사는 역사가 일어납니다(참조 요 14:1). 다섯째는 소외된 삶으로부터 돌이켜 화합하는 새 삶으로 돌아오게 되어 사는 역사가 일어납니다(참조 눅 19:1-10).

성령을 의미하는 강물과, 풍성한 열매

에스겔 47장 12절에 보면 "강 좌우 가에는 각종 먹을 실과나무가 자라서 그 잎이 시들지 아니하며 실과가 끊치지 아니하고 달마다 새 실과를 맺으리니 그 물이 성소로 말미암아 나옴이라."고 하였습니다. 성전으로부터 전파되기 시작하는 복음의 생수가, 사람의 영혼 속에서 놀라운 열매를 맺음을 의미하는 것입니다. 먼저는 자기 안에 날마다, 달마다 자신을 새롭게 해주는 성령의 아홉 가지 열매를 맺습니다.(참조 갈 5:22-23) 또 한 편으로는 사람의 영혼을 달마다 구원하여 주님 앞으로 인도하는 열매를 맺습니다(참조 요 15:8, 행 2:41).

매튜헨리 주석가는 이 물을 그리스도 복음의 상징으로 보고 다음과 같이 설명하였습니다.[17]

대부분 주석가들은 이 물이 그리스도의 복음을 상징한다는 것에 동

---

17) 매튜헨리 주석, 에스겔(하), P.372

의한다. 그것은 먼저 예루살렘으로부터 시작하여 근처의 나라로 퍼져가고, 거기에 동반되는 성령의 은사와 능력이 복음의 덕으로 인하여 널리 퍼지고, 신비하고도 복된 열매를 얻게 된다는 것이다.

하나님께서 임재하실 때 놀라운 부흥이 일어납니다. 그 부흥은 사람들의 신앙의 영적 성장과 성숙으로 성령의 강물 안에 거하는 축복을 누리게 합니다. 그 축복은 성령님으로 말미암아 많은 사람들이 영적으로 풍요로움을 누리며 살게 됩니다.

빌 브라이트 박사는 하나님이 약속하시는 부흥의 특징에 대하여 다음과 같이 알려 주었습니다. [18]

1. 부흥은 하나님의 주권적인 역사다.
2. 부흥은 하나님이 들어오시는 것이다.
3. 부흥은 성령님 안에서 개인적으로 겸손과 용서와 회복의 시간이다.
4. 부흥의 시기에는 성령의 기름 부음을 받은 대담한 설교를 한다.
   "무리가 …담대히 하나님의 말씀을 전하니라"(행 4:30).
5. 부흥의 시기에는 성령의 임재가 강력히 일어난다.
6. 부흥은 사회와 나라를 변화시킨다.

하나님은 우리에게 전심전력으로 하나님을 찾으라고 말씀하신다. 하나님이 약속하시는 부흥은 우리가 겸비하여 회개하고 금식하고 기도하고 하나님의 얼굴을 구하고, 악한 길에서 돌이킬 때 시작된다. 하나님의 말씀에 귀 기울이고 하나님을 사랑하고 믿고 순종하는 사람에게는 부흥의 불길을 허락하시겠다고 약속하셨다.

---

18) 테드 해거드&잭 W 헤이포드 공저, 예수전도단 옮김, 지역을 바꾸는 교회(Living Your City Into The Kingdom), 2002. p.76

아써 왈레스(Arther Wallace)는 부흥에 대해 다음과 같이 말하였습니다.[19]

> 부흥이란 대단히 많은 사람들이 모인 집회로 인한 엄청난 흥분입니다. 부흥은 수많은 사람들이 회개하고 예수를 주로 영접하는 것입니다. 또한 부흥은 많은 수의 사람들이 성령으로 채움 받는 사건입니다. 부흥이 없이도 이 셋들 중의 하나를 경험할 수 있는 것은 가능합니다. 그러나 부흥은 이 셋을 다 포함합니다.

하나님의 임재가 임하면 반드시 부흥이 동반한다는 것입니다. 하나님이 임재하시면 불신자들도 교회로 몰려 들어오게 합니다. 하나님의 임재를 체험한 사람들은 성전으로 더 오고 싶어 합니다. 하나님은 우리가 더 깊은 임재 안으로 들어오기를 원하십니다.

하나님의 능력을 받음으로 나타나는 역사

에스겔 선지자는 하나님의 임재가 임하였을 때 하나님의 권능을 받는 체험을 하였습니다.

> 갈대아 땅 그발 강 가에서 여호와의 말씀이 부시의 아들 제사장 나 에스겔에게 특별히 임하고 여호와의 권능이 내 위에 있으니라(겔 1:3).

하나님 안에는 우리를 위해 예비하신 놀랍고 크신 능력이 있습니다. 하나님은 우리 가운데 자신을 나타내시기를 원하십니다. 우리의 육신이 감당할 수 없을 때 더 강하게 임하시기를 원하십니다. 하나님은 오늘날

---

19) 마크 듀퐁, 열린 하늘을 통하여 하나님을 경험하라, 박미가 옮김, 은혜출판사, 2003, p.44

어느 때보다 우리와 교회 안에 들어오시기를 원하십니다.

1890년대 말, 놀라운 치유의 사역자로 쓰임을 받은 스미스 위글스워스는 하나님의 임재를 체험하였으며 놀라운 치유의 기적이 일어났습니다.[20]

어느 한 소년이 사경을 헤매고 있었다. 그래서 그의 어머니는 사람을 보내 스미스 위글스워스에게 급히 와달라고 요청하였다. 스미스 위글스워스가 그 소년의 집에 도착하자 그 소년의 어머니가 너무 늦게 왔다고 투덜대었다. 그러자 스미스 위글스워스는 그녀에게 "하나님은 절대로 나를 어디에 늦게 도착하게 하시는 분이 아닙니다"라고 대답하며 하나님의 시간은 인간의 시간과 다름을 암시하였다. 그가 방에 들어가 보니 그 소년의 상태가 너무나 심각해 조금이라도 그 소년을 만지거나 움직이기만 해도 소년의 숨이 끊어질 것만 같았다. 스미스 위글스워스는 그 소년을 위해 기도할 충분한 시간이 없었다. 왜냐하면 바로 예배를 인도를 하러 교회에 가야만 하였기 때문이었다. 그래서 스미스 위글스워스는 하는 수 없이 소년의 어머니에게 반드시 다시 돌아오겠다고 약속하며 하나님께서 반드시 그 소년을 소생시킬 것이기 때문에 소년이 나으면 입을 깨끗한 옷을 준비하여 놓으라고 부탁 해놓고 그 소년의 집을 나왔다.

예배를 다 마친 스미스 위글스워스가 그 소년의 집에 다시 돌아와 보니 믿음이 없는 그 소년의 어머니는 소년이 입을 옷을 준비해 놓지 않았다. 스미스 위글스워스는 소년의 어머니에게 아이의 발에 양말만 신기고 밖에 나가있으라고 부탁하였다. 그녀가 나가자 스미스 위글스워스는 방문을 꼭 걸어 잠그고는 소년에게 "내가 너에게 손을

---

20) Roberts Liardon. 치유사역의 거장들, 은혜출판사. pp. 370-372

없으면 하나님의 영광이 이 방에 가득 차게 될 것이야. 그러면 내가 그 영광으로 인해 서있을 수가 없게 되지. 서 있을 수 없게 되면 나는 자연히 바닥에 눕게 될 수밖엔 없지"라고 말하였다. 그렇게 말하면서 스미스 위글스워스는 손으로 죽어가고 있는 소년을 만졌다. 그 순간 정말로 하나님의 능력이 그 방안에 가득 차게 되었고 스미스 위글스워스는 그 방안에 임한 하나님의 강한 임재에 의해 서있을 수가 없게 되었다. 그러자 그는 방바닥에 쓰러져 버렸다. 스미스 위글스워스가 아직 방바닥에 쓰러져 있을 동안 거의 죽어 가고 있던 그 소년은 "이 일이 일어난 것은 하나님 당신에게 영광을 돌리기 위함입니다"라고 소리치며 일어나더니 갑자기 옆에 있는, 그 소년의 어머니가 꺼내놓은 옷을 주섬주섬 주워 입기 시작하였다. 그리고 나서 그 소년은 방문을 열고 밖으로 나아가 그곳에 있던 자기의 아버지에게 "아빠! 하나님께서 날 고쳐주셨어요! 나는 다 나았어요!"라며 소리를 질렀다.

그 소년이 그렇게 소리 지르자 그 집안에 하나님의 영광이 가득 찼다. 그러자 그 소년의 아버지와 어머니는 모두 그 집에 임한 하나님의 영광으로 서서 있을 수가 없었다. 그래서 그 소년의 부모들은 방바닥에 쓰러졌다. 그런데 바로 그 순간 정신병으로 고생하고 있던 그 부모의 딸도 제 정신으로 돌아오는 기적이 일어났다. 이 일로 인하여 그 동네에 하나님의 부흥의 불이 붙기 시작하였고 이 집에 임한 하나님의 부흥의 불은 전 도시로 확신되었다.

오늘날 치유의 사역자로 강력하게 쓰임을 받고 있는 타드 벤틀리(Todd Bentley)라는 젊은 목사님은 하나님의 임재를 체험한 후 능력을 받아 강력한 성령의 능력으로 세계 곳곳에 다니며 복음을 전하고 있습니다. 그가 하나님의 임재 가운데 3개월 동안이나 아무 일도 하지 않고, 그분을 체험하고 난 후에 하나님의 능력을 받았다고 간증하는 것을 들었습니다.

하나님의 임재를 체험할 때 하나님께서 붙들어 주시므로 하나님의 능력을 더 많이 받아 귀하게 쓰임 받게 됩니다. 우리 안에 살아 계신 하나님의 임재하심을 체험함으로 그분의 능력을 소유하게 되어 그분의 능력으로 사역자로 쓰임 받게 됩니다.

경건한 삶과 담대한 복음전파

바울은 하나님의 임재를 체험하기 전에는 예수 믿는 사람들을 핍박하는데 가장 앞장 섰던 사람이었습니다. 그러나 그가 하나님의 임재를 체험하고 난 후부터는 담대하게 백성들에게 복음을 변호하고 전파합니다.

> 부형들아 내가 지금 너희 앞에서 변명하는 말을 들으라 하더라 저희가 그 히브리 방언으로 말함을 듣고 더욱 종용한지라 이어 가로되 나는 유대인으로 길리기아 다소에서 났고 이 성에서 자라 가말리엘의 문하에서 우리 조상들의 율법의 엄한 교훈을 받았고 오늘 너희 모든 사람처럼 하나님께 대하여 열심하는 자라 내가 이 도를 핍박하여 사람을 죽이기까지 하고 남녀를 결박하여 옥에 넘겼노니 이에 대제사장과 모든 장로들이 내 증인이라 또 내가 저희에게서 다메섹 형제들에게 가는 공문을 받아 가지고 거기 있는 자들도 결박하여 예루살렘으로 끌어다가 형벌받게 하려고 가더니(행 22:1-5).
> 가는데 다메섹에 가까웠을 때에 오정쯤 되어 홀연히 하늘로서 큰 빛이 나를 둘러 비취매 내가 땅에 엎드러져 들으니 소리 있어 가로되 사울아 사울아 네가 왜 나를 핍박하느냐 하시거늘 내가 대답하되 주여 뉘시니이까 하니 가라사대 나는 네가 핍박하는 나사렛 예수라 하시더

라 나와 함께 있는 사람들이 빛은 보면서도 나더러 말하시는 이의 소리는 듣지 못하더라 내가 가로되 주여 무엇을 하리이까 주께서 가라사대 일어나 다메섹으로 들어가라 정한 바 너희 모든 행할 것을 거기서 누가 이르리라 하시거늘 나는 그 빛의 광채를 인하여 볼 수 없게 되었으므로 나와 함께 있는 사람들의 손에 끌려 다메섹에 들어갔노라 율법에 의하면 경건한 사람으로 거기 사는 모든 유대인들에게 칭찬을 듣는 아나니아라 하는 이가 내게 와 곁에 서서 말하되 형제 사울아 다시 보라 하거늘 즉시 그를 쳐다보았노라 그가 또 가로되 우리 조상들의 하나님이 너를 택하여 너로 하여금 자기 뜻을 알게 하시며 저 의인을 보게 하시고 그 입에서 나오는 음성을 듣게 하셨으니 네가 그를 위하여 모든 사람 앞에서 너의 보고 들은 것에 증인이 되리라 이제는 왜 주저하느뇨 일어나 주의 이름을 불러 세례를 받고 너의 죄를 씻으라 하더라 후에 내가 예루살렘으로 돌아와서 성전에서 기도할 때에 비몽사몽간에 보매 주께서 내게 말씀하시되 속히 예루살렘에서 나가라 저희는 네가 내게 대하여 증거하는 말을 듣지 아니하리라 하시거늘 내가 말하기를 주여 내가 주 믿는 사람들을 가두고 또 각 회당에서 때리고 또 주의 증인 스데반의 피를 흘릴 적에 내가 곁에 서서 찬성하고 그 죽이는 사람들의 옷을 지킨 줄 저희도 아나이다 나더러 또 이르시되 떠나가라 내가 너를 멀리 이방인에게로 보내리라 하셨느니라(행 22:6-21).

바울은 임재를 체험한 것을 설명할 뿐만 아니라 벨릭스 총독 앞에서 서서 변증을 합니다.

닷새 후에 대제사장 아나니아가 어떤 장로들과 한 변사 더둘로와 함께 내려와서 총독 앞에서 바울을 고소하니라 바울을 부르매 더둘로가 송사하여 가로되 벨릭스 각하여 우리가 당신을 힘입어 태평을 누리고 또 이 민족이 당신의 선견을 인하여 여러 가지로 개량된 것을 우리가 어느 모양으로나 어느 곳에서나 감사 무지하옵나이다 당신을 더 괴롭게 아니하려 하여 우리가 대강 여짜옵나니 관용하여 들으시기를 원하나이다 우리가 보니 이 사람은 염병이라 천하에 퍼진 유대인을 다 소요케 하는 자요 나사렛 이단의 괴수라 저가 또 성전을 더럽게 하려 하므로 우리가 잡았사오니 당신이 친히 그를 심문하시면 우리의 송사하는 이 모든 일을 아실 수 있나이다 하니 유대인들도 이에 참가하여 이 말이 옳다 주장하니라 총독이 바울에게 머리로 표시하여 말하라 하니 그가 대답하되 당신이 여러 해 전부터 이 민족의 재판장 된 것을 내가 알고 내 사건에 대하여 기쁘게 변명하나이다 당신이 아실 수 있는 바와 같이 내가 예루살렘에 예배하러 올라간 지 열 이틀 밖에 못되었고 저희는 내가 성전에서 아무와 변론하는 것이나 회당과 또는 성중에서 무리를 소동케 하는 것을 보지 못하였으니 이제 나를 송사하는 모든 일에 대하여 저희가 능히 당신 앞에 내세울 것이 없나이다 그러나 이것을 당신께 고백하리이다 나는 저희가 이단이라 하는 도를 좇아 조상의 하나님을 섬기고 율법과 및 선지자들의 글에 기록된 것을 다 믿으며 저희의 기다리는 바 하나님께 향한 소망을 나도 가졌으니 곧 의인과 악인의 부활이 있으리라 함이라 이것을 인하여 나도 하나님과 사람을 대하여 항상 양심에 거리낌이 없기를 힘쓰노라(행 24:1-16).

하나님의 음성을 들음

이사야, 에스겔 선지자는 하나님의 임재 속에서 하나님의 음성을 듣고 하나님의 부르심에 순종하였습니다.

내가 또 주의 목소리를 들은즉 이르시되 내가 누구를 보내며 누가 우리를 위하여 갈꼬 그 때에 내가 가로되 내가 여기 있나이다 나를 보내소서(사 6:8).
그가 또 내게 이르시되 인자야 너는 받는 것을 먹으라 너는 이 두루마리를 먹고 가서 이스라엘 족속에게 고하라 하시기로 내가 입을 벌리니 그가 그 두루마리를 내게 먹이시며 내게 이르시되 인자야 내가 네게 주는 이 두루마리로 네 배에 넣으며 네 창자에 채우라 하시기에 내가 먹으니 그것이 내 입에서 달기가 꿀 같더라 그가 또 내게 이르시되 인자야 이스라엘 족속에게 가서 내 말로 그들에게 고하라(겔 3:1-4).

하박국 선지자는 잠잠히 하나님의 임재 가운데 하나님의 음성을 듣는 것을 말하였습니다.

내가 내 파수하는 곳에 서며 성루에 서리라 그가 내게 무엇이라 말씀하실는지 기다리고 바라보며 나의 질문에 대하여 어떻게 대답하실는지 보리라 그리하였더니 여호와께서 내게 대답하여 가라사대 너는 이 묵시를 기록하여 판에 명백히 새기되 달려가면서도 읽을 수 있게 하라(합 2:1-2).

하박국 선지자는 잠잠히 주님을 집중할 때 하나님께서 말씀하신다고 하였습니다. 그 때 그 말씀하시는 소리를 기록하라고 하였습니다.
이사야, 에스겔뿐만 아니라 모세, 예레미야, 하박국, 바울 등은 하나님의 임재 가운데 주님의 음성을 들었습니다. 이들은 주님의 음성을 듣고 그 부르심에 순종합니다.
음성을 듣는 일은 너무나 중요합니다. 하나님의 음성을 듣지 못할 때는 미혹되지만, 하나님의 음성을 듣는 사람들은 미혹되지 않으므로 승리의 삶을 살 수 있습니다. 하나님의 임재를 체험할 때 하나님의 음성을 들을 뿐만 아니라 내 영혼과 하나님 사이에 은밀한 대화를 나누게 됩니다.

주님의 말씀대로 지키며 살게 하는 삶

> 누구든지 그의 말씀을 지키는 자는 하나님의 사랑이 참으로 그 속에서 온전케 되었나니 이로써 우리가 저 안에 있는 줄을 아노라 저 안에 거한다 하는 자는 그의 행하시는 대로 자기도 행할지니라(요일 2:5-6).

현대어 성경에는 다음과 같이 기록하였습니다.

> 하나님의 임재 안에 있는 사람은 하나님의 말씀을 지키며 살게 됩니다. 그리고 하나님 안에 살고 있다고 하는 사람은 마땅히 예수님이 사신 것처럼 살아야 합니다. 하나님의 말씀을 실천하는 사람들은 더욱 더 하나님을 사랑하는 일을 익히게 됩니다. 이것이 바로 여러분이 정말 하나님을 알고 있느냐 아니냐를 분간하는 방법입니다. 누구든지 자기가 하나님 안에 살고 있다고 말하는 사람은 그리스도께서 사신 것처럼 살아야 합니다(요일 2:5-6).

우리가 하나님의 임재 안에 있을 때는 하나님께서 말씀하시는 대로 순종하며 살아갑니다. 그리고 더 나아가 예수님께서 사신 것처럼 살아갈 수 있습니다. "저 안에 거한다 하는 자는 그의 행하시는 대로 자기도 행할 지니라"

하나님의 임재를 진정으로 체험하게 되면 오로지 하나님만을 사랑하며, 하나님의 뜻에 온전히 순복합니다.

자신의 모습에 대한 바른 인식

우리가 하나님 안에 있을 때 우리가 누구인지 알게 됩니다. 하나님의 빛이 나를 비출 때 나의 모습, 나의 마음을 알게 됩니다. 우리 안에 있는 죄악과 우리 적들의 정체를 밝혀 주십니다. "만물보다 거짓되고 심히 부패한 것은 사람의 마음이라 누가 능히 이를 알리요 마는 나 여호와는 심장을 살피며 폐부를 시험하고 각각 그 행위와 그 행실대로 보응하나니"(렘 17:9-10).

예수님이 우리 삶에 가까이 오시면 사람들은 자신의 죄성에 압도됩니다. "시몬 베드로가 그것을 보고 예수의 발 밑에 엎드려, 주여, 나를 떠나소서, 나는 죄인이로소이다."(눅 5:8)라고 했습니다. 우리도 주님이 오시면 베드로 처럼 "주여, 나를 떠나소서. 나는 죄인이로소이다."라고 고백하지 않을 수 없습니다.

우리가 주의 영광을 보면 볼수록 우리의 변화에 도전을 받지 않을 수 없습니다. 우리는 예수님의 모습으로 변화되어 갑니다. 그리고 하나님의 임재의 빛이 우리를 통해 비쳐집니다. 예수님께서는 우리의 빛을 사람들 앞에 비취게 하여 착한 일을 통하여 하나님께 영광을 돌리라고 하셨습니다(마 5:16).

하나님의 임재 안에 있을 때 하나님의 마음을 알 뿐만 아니라 예수 그리스도의 빛을 통해서 우리의 마음을 알 수 있습니다. 그리고 하나님의 영광의 빛이 우리 주위에 더욱 확장되어 비쳐집니다.

하나님께서 우리의 거짓과 죄악을 보여 주실 때 우리는 성령님의 도우심을 더욱 필요로 하게 됩니다. 하나님의 은혜와 믿음으로 의롭게 되고 예수님의 피로 깨끗하게 씻음을 받습니다. 그래서 죄를 고백하고 회개하여 용서받고 씻음을 받으면 됩니다.

이런 임재의 체험으로 하나님 안에서 하나님을 즐거워하는 자신의 모습을 발견하게 될 것입니다. 더 나아가 자신은 주님만 바라볼 뿐만 아니라 온전히 주님께 바쳐지기를 원합니다. 그리고 담대한 하나님의 사람이 됩니다.

요동치지 않는 마음

다윗은 항상 하나님의 임재 속에 있을 때 "흔들리지" 않는다고 하였습니다.

> 주님은 언제나 나와 함께 계시는 분, 그가 나의 곁에 계시니, 나는 흔들리지 않는다(시 16:8 표준새번역).

로이드 존즈(Martyn Loyd-Jones) 박사는 시편 16:8을 주 예수 그리스도에게 관련하여 "예수님은 하나님 아버지를 항상 그분 앞에 모시고 사셨다."고 자세하게 알려 주었습니다.[21]

이 시편은 의심할 것도 없이 주 예수 그리스도에게 관련되어 있습니다. 그러므로 이 시편에서 다윗은 자기 자신에 관하여 기록할 뿐만 아니라, 한 선지자로서 '앞으로 오실분', '하나님의 아들', '메시아'에 관하여 쓰고 있습니다. 그렇기 때문에 이 시편에 기록된 말들은 우리 주님을 묘사하고 있습니다… "내가 여호와를 항상 내 앞에 모심이여" 이렇게 주님은 사셨습니다. 사복음서에 있는 주님의 삶을 읽어보면 이것이 사실이라는 것을 발견할 것입니다… 예수님은 하나님 아버지를 항상 그분 앞에 모시고 계셨습니다. 우리 주님께서 육체로 계셨을 때 이렇게 사신 모습을 복음서를 통하여 분명히 알

---

21) 하나님 앞에 사는 즐거움(Enjoying the Presence of god), 조용환 옮김, 생명의말씀사. 1995, pp.172-173

수 있습니다. 주님은 하나님을 바라보셨습니다. 주님은 하나님 아버지를 위해서 사셨고, 그분에 의해서 사셨습니다.

우리는 다윗처럼 여호와를 항상 내 앞에 모시고 그분께 기도해야 합니다. 주님이 우리를 찾아오시는, 방문을 받는 은혜를 경험하는 것도 중요하지만 우리가 하나님께 열심히 나아가는 것도 참으로 중요합니다. "하나님께 나아가는 자는 반드시 그가 계신 것과 또한 그가 자기를 찾는 자들에게 상주시는 이심을 믿어야 할 지니라"

평강의 하나님과의 동행

평강의 하나님께서 속히 사단을 너희 발 아래서 상하게 하시리라 우리 주 예수의 은혜가 너희에게 있을지어다(롬 16:20).
그리하면 모든 지각에 뛰어난 하나님의 평강이 그리스도 예수 안에서 너희 마음과 생각을 지키시리라(빌 4:7).

하나님의 임재 속에 있으면 모든 지각에 뛰어난 하나님의 평강과 측량할 수 없는 하나님의 사랑 그리고 풍성함이 있습니다.
프랜시스 지팬은 그의 책에서 성 어거스틴이 하나님의 임재를 체험한 후에 자기가 쓴 것을 다음과 같이 인용 하였습니다.[22]

성 어거스틴의 이야기는 이 점에 대한 이해에 도움이 될 것 같습니다. 많은 사람들이 어거스틴을 라틴 교부들 중에서 가장 위대하며 서양의 교회에 있어서 가장 저명한 신학자라고 생각합니다. 그의 저서들은 천여 년 동안 기독교 사상의 기초가 되었습니다.「참회록」,

---

22) 거룩 진리와 하나님의 임재 p.94

「하나님의 도성」 같은 위대한 작품을 남겼습니다. 그는 임종의 때가 되어 가장 친한 친구들로 둘러싸여 있었습니다. 숨이 멈추고 심장이 멎고 그가 주님과 함께 있기 위해 갈 때, 그 방은 놀라운 평화로 가득했습니다. 그는 창백한 얼굴을 빛내면서 말했습니다. "나는 주님을 보았다. 내가 이제껏 쓴 것은 지푸라기에 지나지 않는다."

로이드 존즈 박사는 우리가 영적인 전쟁 속에서 평안함을 가질 수 있는 것을 다음과 같이 다른 사람의 시를 통해 알려 주었습니다.[23]

> 나는 주님이 매순간 필요합니다.
> 내 곁에 머물러 주시옵소서.
> 주님이 나와 함께 계실 때
> 시험은 그 능력을 잃습니다
> **애니 힉스(Annie Sherwood Hawks, 1835-1918)**

> 때 저물어 날 이미 어두니 구주여 나와 함께하소서
> 내 친구 나를 위로 못할 때 날 돕는 주여 함께하소서
> 내 사는 날 속히 지나고 이 세상 영광 빨리 지나네
> 이 천지 만물 모두 변하나 변찮는 주여 함께하소서
> 주 홀로 마귀 물리치시니 언제나 나와 함께하소서
> 이 육신 쇠해 눈을 감을 때 십자가 밝히 보여 주소서
> 내 모든 슬픔 위로하시고 생명의 주여 함께 하소서
> **헨리 라이트**

하나님이 임재하실 때 평안을 경험하게 되며, 평화로운 안식과 경이

---

23) 하나님 앞에 사는 즐거움, pp. 185. 187-188

로운 기쁨을 누리게 됩니다. 그리고 다른 차원으로 나아가도록 인도해 주십니다.

거룩함

거룩은 하나님의 속성입니다. 하나님이 임재하실 때 거룩함이 나타납니다. 프랜시스 프랜지팬은 "하나님의 임재만이 거룩에로 이끌 수 있다"고 가르쳐 주었습니다.[24]

> …거룩은 죄로부터 분리되는 것이지만, 그저 죄에서 분리된다고 해서 거룩에 이르는 것은 아닙니다. 죄가 없는 상태가 우리를 성화시키지는 못합니다. 하나님의 임재만이 거룩으로 이끌 수 있습니다. 깨끗치 않는 것과 접촉하는 것을 피할 수 있겠지요. 그러나 만일 당신이 사랑을 통해 하나님 아버지에 연합되어 있지 않다면 절대로 진정한 거룩을 알 수가 없습니다. 그럴 때 당신이 가지게 될 것은 종교뿐입니다. 우리 안에 계시는 그리스도가 우리의 거룩함이 되시기 때문에 우리가 그분께 가까우면 가까울수록 그 정도만큼 그분의 거룩을 나타낼 수 있습니다.

프랜시스 프랜지팬은 거룩한 삶이 무엇인가를 다음과 같이 설명하였습니다. "거룩한 삶은 사랑으로 생동하고, 사랑에 의해 강권되어지며, 사랑으로 가득 채워지는 삶인 것입니다."

이사야 선지자도 하나님의 임재 속에서 거룩함을 체험하게 되었습니다. 우리 안에 하나님이 계시면 거룩한 생활로 나타나게 됩니다. 우리가 거룩해지려고 한다고 진정으로 거룩해 지는 것은 아닙니다. 참으로 거룩

---

24) 거룩, 진리 하나님의 임재, p.99

한 생활을 하려면 거룩하신 하나님이 우리와 함께 하여야 합니다. 왜냐하면 거룩은 하나님의 본성이기 때문입니다.

예수 그리스도가 우리 안에 들어오셨을 때부터 우리는 하나님의 것으로 구별된 거룩함이 있습니다. 그리고 하늘에 계신 하나님의 임재가 우리 가운데 반사하여 우리 가운데 진정한 거룩함이 역사합니다, 그러므로 우리는 어두움과 불의의 죄를 버리고 하나님의 충만하심이 우리 안에 머물러서 거룩한 삶을 살아야 하겠습니다.

"너희 몸이 하나님의 성전인 것과 하나님의 영이 너희 안에 거하시는 것을 알지 못하느냐?"(고전 3:16).
"너희가 전에는 어두움이더니 이제는 주 안에서 빛이라. 빛의 자녀처럼 행하라"(엡 5:8).

하나님의 임재가 떠나지 않고 우리 안에 거할 때 우리를 시험에 빠지도록 하는 사단의 유혹을 이길 수 있습니다.
알.티 캔달 목사님은 사단이 시험에 빠지도록 유혹하는 것을 다음과 같이 소개하였습니다.[25]

돈을 빨리 벌 수 있는 길에 집착하는 것, 성적인 유혹, 자신을 위한 야망, 불신앙, 다른 이들을 용서하지 않는 것, 화를 잘 내거나 다른 이들을 낮게 평하여 말하는 것, 기회가 있을 때마다 자신을 높이려는 태도다.

요셉은 보디발 장군의 아내의 유혹을 받았음에도 하나님의 임재 함으로 성적인 유혹을 뿌리쳤습니다. "나는 그럴 수 없습니다. 내가 섬기는

---

25) 하나님이 응답하실 때, 이우열, 예수전도단, 2003, pp. 100-107

당신의 남편과 하나님께 죄를 짖는 일이기 때문입니다."

우리가 유혹을 이길 수 있는 것은 하나님께서 우리의 행동을 보고 계시는 임재하심의 믿음과 또한 하나님께서 실제로 함께 하셔서 도와주시기 때문입니다.

잔느 귀용은 하나님의 거룩하신 임재하심이 심령의 완악함을 녹이는 축복에 대하여 다음과 같이 알려 주었습니다.[26]

오 당신이 하나님과 함께 그곳에 거하는 방법을 알게 될 때에 하나님의 거룩하신 임재하심이 당신의 심령의 완악함을 녹이게 된다. 그리고 당신의 영혼의 완악함이 녹으면서, 그곳으로부터 아주 소중한 향기가 터져 나오게 되는 것이다.

놀라운 자유와 보호와 큰 위안

주는 영이시니 주의 영이 계신 곳에는 자유함이 있느니라 우리가 다 수건을 벗은 얼굴로 거울을 보는 것같이 주의 영광을 보매 저와 같은 형상으로 화하여 영광으로 영광에 이르니 곧 주의 영으로 말미암음이니라(고후 3:17-18).

내가 주의 신을 떠나 어디로 가며 주의 앞에서 어디로 피하리이까 내가 하늘에 올라갈지라도 거기 계시며 음부에 내 자리를 펼지라도 거기 계시니이다 내가 새벽 날개를 치며 바다 끝에 가서 거할지라도 곧 거기서도 주의 손이 나를 인도하시며 주의 오른손이 나를 붙드시리이다 내가 혹시 말하기를 흑암이 정녕 나를 덮고 나를 두른 빛은 밤이 되리라 할지라도 주에게서는 흑암이 숨기지 못하며 밤이 낮과 같이 비취나니 주에게는 흑암과 빛이 일반이니이다(시 139:7-12).

---

26) 예수 그리스도를 깊이 체험하기, pp. 114

하나님의 임재를 체험하면 성령 하나님이 부어 주시는 자유함이 있습니다.

특별한 현상과 표증

어떤 사람들에게는 능력이 나타나기도 하고 어떤 사람들은 새 술에 취한 행동을 하기도 합니다. 어떤 예배 시간에는 향유 냄새가 강하게 나는 경우도 있습니다. 예배 장소에 꽃을 갖다 놓은 적이 없음에도 꽃향기나, 올리브 향냄새가 나서 예배 장소를 가득 채우는 경우도 있습니다. 그러나 우리는 때로 성령님이 주시는 것을 모방하는 행동을 하는 사람들도 있다는 것을 분별하여야 합니다. 마크 듀퐁 목사님은 이런 경험들에 대하여 다음과 같이 알려 주었습니다.[27]

> 예배 장소에 꽃을 갖다 놓은 것도 아닌데 꽃향기가 나고 향을 피운 냄새가 나는 경우가 여러 번 있었는데 인위적인 현상은 분명히 아니다. 한번은 예배드리는 데 향냄새가 너무 강하게 나서, 교회 사찰이 혹시 교회 내 어딘가에서 불이 난 것이 아닌가 하고 교회 구석구석을 샅샅이 조사한 적도 있었다. 물론 이런 현상들은 우리가 추구했던 것은 절대로 아니다. 이러한 현상들은 하나님의 임재를 나타내는 징표이다. 때로는 장미꽃 향기가 날 때도 있다. 때로는 연한 향수나 향냄새가 예배 장소를 가득 채우는 경우도 있다. 나를 비롯한 사역자들이 성령님의 달콤한 임재를 우리에게 나타내어 달라고 기도한 경우는 있다. 그러나 경험만을 추구하여 어떤 향내가 나게 해달라고 기도한 적은 한번도 없었다. 이러한 경험들을 여러 번 하게 되자 나

---

27) 열린 하늘을 통하여 하나님을 경험하라, 박미가 번역. 은혜, 2003, p.137

는 그 경험들의 공통점을 발견하게 되었다. 그것은 바로 신령과 진정으로 하나님을 경배하거나 예수님을 경배하거나 예수님의 온유하심과 자비하심에 대한 설교를 하거나 하나님의 임재와 소멸하시는 불에 대한 설교를 하면 많은 경우 사람들이 이러한 경험들을 한다는 것이다.

하나님의 임재가 있을 때 회개, 치유, 기적, 자유, 은혜, 평강, 거룩함, 참 자유, 하나님과 더 친밀함 등 많은 축복들이 있습니다.

기도의 응답과 열매

너희가 내 안에 거하고 내 말이 너희 안에 거하면 무엇이든지 원하는 대로 구하라 그리하면 이루리라 너희가 과실을 많이 맺으면 내 아버지께서 영광을 받으실 것이요 너희가 내 제자가 되리라(요 15:14-15).

예수님께서 친히 주님의 임재 안에 머물러 있으면 간구하는 기도의 응답을 받을 뿐만 아니라 열매를 맺어 예수님의 제자가 되며 아버지께서 영광을 받으실 것이라고 말씀 하셨습니다.

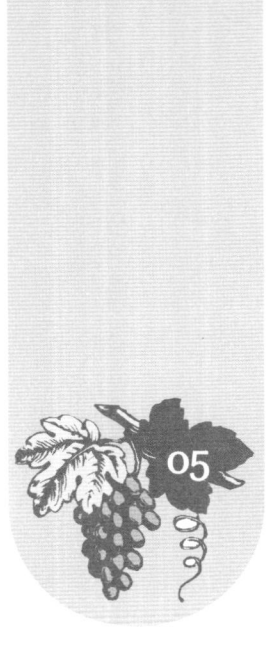

05 하나님의 임재를 체험한 사람들의 간증

예수의 데레사 (아빌라의 데레사, 1515-1585, 가르멜 수도원 창시자)

1560년 6월29일 성 베드로와 성 바오르 축일에 데레사는 처음으로 그리스도의 임재를 체험했습니다. 데레사는 하나님의 임재 첫 번째 체험을 다음과 같이 소개하였습니다.[28]

나는 내 바로 곁에 계신 그리스도를 보았습니다. 아니, 보았다고 하기보다 오히려 느꼈습니다. 육신의 눈으로도 영혼의 눈으로도 무엇을 본 것은 아니니 말입니다. 그분은 바로 내 곁에 계셨으며, 말씀하시는 분은 주님이심을 알 수 있었습니다. 그때 나는 이런 환시가 있다는 것을 모르고 있었기 때문에 처음엔 커다란 공포감에 질려 울 수밖에 없었습니다. 그러나 나를 안심시키는 데는 주님의 한마디 말씀으로 충분했고 나는 여느 때처럼 고요와 기쁨을 되찾아 조금도 무섭지 않게 되었습니다. 나는 예수 그리스도께서 늘 내 옆에 거닐고

---

28) 요셉 글린, 영원한 신비가, 차순향 옮김, 카톨릭출판사, 1995, pp.101-102

계시다고 생각되었으나 상상적 환시가 아니어서 어떤 모습인지는 몰랐습니다. 하지만 그분께서는 줄곧 내 오른편에 계셨고 내가 하는 온갖 것의 증인이 되어 주신다는 것만은 뚜렷이 느꼈습니다. 그리고 조금만 방심하거나 아주 정신이 흩어지게 하지 않는한 그분께서 내 오른편에 계시다는 것을 느끼지 않을 수 없었습니다.

데레사는 하나님의 임재를 자주 체험하였습니다. 1561년 1월 25일 예수 그리스도의 인성에 대한 현존을 보았습니다.

성 바오르의 축일 미사 중에 나는 주님의 인성 전체를 뵈올 수 있었는데, 부활하신 존영을 그린 것과 같았습니다. 주님은 무엇에도 견줄 수 없는 아름다우심과 존엄하심으로 나타나셨습니다… 천국에서는 다만 우리 눈을 즐겁게 하도록 영광스럽게 변모된 육신의 뛰어난 아름다움, 특별히 우리 주 예수 그리스도의 인성을 뵙는 것뿐만 아니라 하더라도 그것만으로도 여간 큰 영광이 아니라는 것을 나는 단언합니다. 하지만 이승에서 주님은 우리의 연약함에 알맞은 방식으로만 당신을 나타내 보이십니다… 이 환시는 상상적 환시였는데도, 나는 육안으로 뵌 적이 없고 오직 영혼의 눈으로만 보았습니다(자서전 28장).

성자 실루안

(Statez Silouan: 1866-1938 아토스에 있는 러시아 정교회 최대수도원인 팡텔레이몽에서 45년간 수도한 성자이다)

소프로니는 성자 실루안이 수도사 훈련생이었을 때 하나님의 임재를 체험한 것을 다음과 같이 기록하였습니다.[29]

---

29) 아토스의 성자 시루안, 김귀탁 역, 은성, 1992, pp.28-29

"…그 날 공장에 인접해 있는 '거룩한 선지자 엘리야 교회'의 저녁 기도 시간에 교회의 중앙 대문 오른편에 있는 주의 성상이 있는 곳에서 그는 살아 계신 그리스도를 만났다. 모든 상식을 뛰어넘어 주님은 전 존재가 성령의 은총의 불로 가득한 젊은 수도사 훈련생에게 나타나셨다. 시므온 형제를 둘러싸고 있는 불은 주님이 이 땅에 오실 때 가지고 오셨던 불이었다.

그런데 어떻게 그것이 그 순간에 시므온 형제와 함께 있었는지를 설명할 적당한 표현은 없다. 우리는 그의 말과 글에서 다음과 같은 사실을 확인할 수 있다. 위대한 하나님의 빛이 그를 두루 비추었고, 말하자면 그의 영은 이 세상을 떠나 하늘로 옮겨졌으며, 그곳에서 뭐라 형언할 수 없는 말씀을 듣고 하늘로부터 새 생명을 받았다. 그리고 무한히 사랑스러운 눈길로 그리스도가 바라보고 있음을 그는 전 존재로 느꼈다. 그 다음에 하나님의 달콤한 사랑이 모든 지상적인 이해를 초월하는 신성의 능력으로 그의 영을 끌어올려서 그곳을 떠나게 하셨다.

교육도 받지 못한 단순한 수도사 훈련생이 직접 그 앞에 나타나신 그리스도와 그 안에서 역사하시는 성령을 인식했다는 것은 얼마나 놀라운 일인가! 그는 자신의 글 속에서 거듭 거듭 주님을 성령으로 말미암아 알았음을 강조하였고, 성령 안에서 하나님을 보았음을 선언하였다. 그는 또한 주님 자신이 자기 영혼에게 나타나셨을 때, 그분을 영혼의 창조주와 하나님으로서 인식치 않을 수 없었다고 고백하였다."

실루안 수도사는 자주 하나님의 임재를 체험하였습니다. 한번은 하나님의 임재를 체험한 후에 그는 이렇게 기도하였습니다.[30]

오 주여, 이 새롭고 놀라운 자비하심을
제가 어떻게 감사드려야 할른지요.
당신은 무엇 때문에 그 거룩한 신비를
저 같이 무지한 죄인에게 드러내셨습니까?
세상은 절망의 사슬로 묶여 있지만
가장 비천하고 어리석은 저 같은 인간에게
당신은 영원한 생명을 허락하셨나이다.
오 , 주여, 저에게만 허락할 것이 아니라
온 세상이 당신을 알 수 있도록 자비를 베푸소서!

스미스 위글스워스(Smith Wigglesworth)

스미스 위글스워스는 친한 친구의 부인을 치유하는 과정 가운데 환상을 통해 주님의 임재를 체험하였습니다.[31]

스미스 위글스워스는 그의 친구에게 그녀의 방에 들어서자마자 기도를 시작하라고 부탁하였다. 그 친구는 스미스 위글스워스의 말대로 그녀의 방에 들어서자마자 기도를 시작하였다. 그러나 그 친구의 기도를 들어본 스미스 위글스워스는 실망하였다. 왜냐하면 그 친구는 그녀가 곧 죽게 될 것을 기정사실로 하고 그녀가 죽은 다음 나머지 유족들에게 하나님의 자비를 베풀어 달라는 기도를 하였기 때문이었다. 이러한 기도에 마음이 상한 스미스 위글스워스는 온갖 슬픈 어조를 섞어가며 기도하는 친구의 기도를 중지시켰다. 그리고는 임종하고 있는 아내의 남편인 자신의 신실한 친구에게 기도해 보라고

---

30) 아토스의 성자 실루안, pp.44-45)
31) God's Generais, 치유사역의 거장들, Roberts Liardon, 박미가 역, 은혜, 2002, pp.356-357

하였다. 그런데 그마저도 눈물을 흘리며 질질 짜는 소리로 이제는 희망이 없다는 듯이 기도하는 것이었다. 그러자 화가 치민 스미스 위글스워스는 그 친구에게도 기도를 중지하라고 소리를 냅다 질렀다. 그래도 듣지 않자 그는 그 친구에게 온 동네가 떠나 갈듯 한 소리로 "하나님 저 입 좀 닫아주소서"라고 소리 질렀다. 그제야 그 친구가 하던 기도를 멈췄다.

그러자 이번에 스미스 위글스워스가 주머니에서 기름병을 꺼내 그 속에 있는 기름 전부를 죽어가고 있는 그녀의 몸에 예수의 이름으로 발랐다. 그때 그녀의 침대 머리 쪽에 서 있던 스미스 위글스워스는 생전 처음으로 환상을 보았다. 이 환상에 대해 그는 나중에 이렇게 기록하였다.

"갑자기 예수님이 나타나셨습니다. 그분은 나에게 응시하였습니다. 그분은 나에게 미소를 짓고 계셨습니다. 그 미소는 너무 아름다웠습니다. 나는 그 아름다운 환상을 영원히 잊어버릴 수가 없습니다."

그런데 이게 웬 일인가? 예수님의 환상이 사라진 지 수분이 지나자 죽어가던 그 여자는 침대 위에 일어나 앉는 것이 아닌가? 그리고 그녀의 얼굴에는 죽음의 그림자가 사라지고 생기가 돌기 시작하였다. 그리고 그녀는 곧 침대에서 나와 걸어 다니기 시작하였다. 하나님께서 스미스 위글스워스를 통하여 그녀를 고쳐주셨던 것이다. 그녀는 그후 완전히 건강하게 되어 자녀들을 잘 키우면서 남편보다 더 오래 살았다고 한다.

릭 조이너

릭 조이너는 환상 가운데 하나님의 임재를 체험하였습니다. 그가 체험한 것을 「소명」(The Call)이라는 책으로 기록하였습니다. 그의 책 앞

부분에 하나님의 임재 가운데 들은 말씀을 소개하면 다음과 같습니다.[32]

성령 하나님이 천지창조 때와 같이 마지막 때에 세계를 운행하시며 무질서와 혼돈가운데 새 창조의 역사를 이루신다.
"나는 심판자다. 너희가 자신을 먼저 심판하여 내가 너희를 심판하지 않게 하라. 내가 나의 집을 먼저 심판하고 온 세상을 심판하리라.
　네가 네 자신을 보면 항상 혼돈을 초래하고 내 음성을 듣는데 더 어려워질 것이다. 많은 사람이 내 영이 그들을 만질 때 넘어지는 데 이제 넘어지는 때는 지났다. 내 영이 운행할 때 서는 것을 배워야한다. 너희가 서지 않으면 그가 너희를 사용할 수 없느니라. 이방인들은 내 앞에서 쓰러져야겠지만 내 백성은 내가 사용하기 위하여 서 있어야 되겠다.
　네가 너 자신을 보기 시작했을 때 나의 노여움을 느꼈을 것인데 이 노여움은 모세가 자신이 얼마나 부족한가를 불평하기 시작했을 때 내가 느꼈던 노여움이다. 나를 보는 대신 자신의 모습을 보았기 때문이고 이것 때문에 내가 행하고자 하는 일에 쓸 수 있는 사람이 지극히 찾기 힘들다. 이것은 인간의 타락을 초래한 거짓 겸손이다. 아담과 이브가 부족함을 느끼고 내가 창조한 그들의 모습 이상이 될 필요를 느꼈고 그들 자신이 그 모습으로 되려고 했다. 그러나 너희는 너희가 가져야 할 모습으로 자신을 만들 수 없고 오직 나만이 너희를 그 모습으로 만들 수 있는 것을 믿어야 한다."

　주님의 임재 앞에서 나의 거짓 겸손이 드러나고 그 모습은 다른 사람들에게서 본 모습보다 더 흉측하였다. 나는 그분의 임재 속에

---

32) 릭 조이너, 소명 요약, 팔복교회, 이선협 목사 옮김

거하는 것과 다른 사람들을 만지기 위해서는 그분의 생명이 나를 통하여 흘러나가야 되는 것을 허락하는 것을 배우고자 열망하였다. 성령님 안에 거하고 그분이 나를 사용하시도록 허락하는 것이다. 이것이 나의 소명이다.

릭 조이너의 「The Call」에서 '영으로 드리는 예배' 부분에 하나님의 임재의 체험을 다음과 같이 서술하였습니다.[33]

나는 아버지를 뵈었다. 수백만, 수천만의 무리들이 하나님께 시중을 들고 있었다. 그분의 영광은 너무도 엄청났고 하나님의 임재하심은, 장엄함은 그 분 앞에 지구가 모래알 같을지라도 그 위엄에 비교될 수 없다는 것을 느꼈다. 내가 하나님의 들을 수 있는 음성을 들었을 때, 나는 마치 태양 앞에 서있는 원자같이 느껴졌으나 내가 그분을 뵈었을 때, 태양은 그분의 존재 앞에 원자 같다는 것을 깨달았다. 온 우주는 하나님 주위의 커텐(Curtain)과 같았다. 그 분의 겉옷은 수백만 수천만의 살아 있는 별들로 구성되어졌다. 하나님의 임재 앞에 모든 것은 살아 있었다. 그의 왕관, 그의 홀까지도… 내가 그분과 함께 영원히 거하며 감탄을 금치 못할 것을 나는 알았다. 온 우주에 하나님을 찬양하는 것 보다 더 높은 목적은 없었다.

베니 힌

베니 힌 목사는 피츠버그 제일장로교회에 있었던 캐더린 쿨만의 집회에 처음으로 참석해 하나님의 놀라운 기름부음과 임재를 체험하였습니다. 베니 힌 목사의 고백은 그 집회 이후 하나님의 임재를 1년 동안 강하

---

33) 하나님의 부르심, 예태해 옮김, 은혜출판사, 2001, pp. 190-191

게 체험하였고, 1년 이후에는 성령님을 초청하고 환영할 때마다 하나님의 임재를 체험하고 있다고 간증하였습니다.

마크 듀퐁

그는 조깅할 때 하나님의 임재를 체험하였습니다. 마크 듀퐁 목사는 자신이 쓴 책에서 하나님의 임재를 체험한 것을 다음과 같이 간증하였습니다.[34]

> 평상시 나는 오 마일 정도 조깅을 하는 편이다. 그리고 보통 사 마일 정도 뛴 후에는 잠시 숨을 돌리고 나서 나머지 일 마일을 뛰었다. 그 날도 여느 때와 마찬가지로 사 마일을 뛰고 난 나는 흐르는 땀을 바람에 말리며 잠시 쉬고 있었다. 나는 그날도 쉬면서 언덕들과 하늘의 구름들을 여느 때와 마찬가지로 쳐다보고 있었다. 바로 그때 나는 나의 육신의 눈으로 엄청나게 크신 예수님을 보았다. 내가 눈으로 본 예수는 너무도 커서 구름과 언덕들도 그 분에 비하면 작은 난장이에 불과 하였다.
>
> 하나님은 사람들에게 자신을 계시하실 때 각자의 수준에 맞게 계시하신다. 하나님은 사람에 따라 하나님의 다른 부분들을 보여주신다. 그때 나는 예수님의 머리칼의 색깔이 무슨 색깔인지 그분의 피부가 무슨 색깔인지는 보지 못하였다. 그러나 분명히 그분은 매우 컸었고 나를 향해 웃고 계셨다. 그 웃음은 마치 나를 삼켜버릴 것 같은 미소였다… 예수님께서 나를 향해 지으신 미소는 세상 사람들이 지을 수 없을 정도의 행복감을 나타내는 미소였으니 나에 대한 심오한 신뢰감에서 나오는 미소였다.

---

34) 열린 하늘을 통하여 하나님을 경험하라, 박미가 옮김, 은혜출판사, 2003. pp. 20-21, 116-117

…내가 말씀을 전하자 바로 위에 말씀에 일어난 일이 일어나기 시작하였다. 물론 온전하게 일어났다는 말은 아니다. 왜냐하면 예수님께서 재림하실 때에만 그 일이 온전하게 일어나기 때문이다. 그날 밤 그 집회에 참석한 거의 모든 사람들이 하나님의 임재를 여느 때와는 달리 강하게 경험하였다. 그 집회에서는 여느 때의 집회에서처럼 성령이 능력으로 임하지도 않았고 사람들이 회개하거나 하지도 않았다. 그러나 그 장소에 하나님의 거룩함이 무서울 정도로 강하게 임하였다. 내가 약 십분 동안 설교를 해 나가고 있었을 때 나는 하나님의 말씀을 전하기가 점점 더 힘들어지게 되었다. 이 말은 내가 입을 열고 말하는 것이 육체적으로 힘겨웠다는 말이 아니라 더 이상 설교해서는 안 되겠다는 느낌이 점점 나를 짓눌렀다는 말이다. 그 순간 갑자기 설교하는 나의 앞에 예수님께서 나타나셨다. 내가 "주님을 찾으십시오."라고 말하는 순간 예수님께서 회중들 가운데 나타나신 것이다.

…그 순간 나는 더 이상 계속 설교를 진행해서는 안 된다고 판단하였다. 왜냐하면 지금 나타나신 성령 하나님의 강한 임재가 나의 설교보다 더 강하게 하나님에 대하여 증명하여 주셨기 때문이다. 그 시간 약 육백 명 정도가 들어오면 적당한 그 장소에 약 팔백 명의 사람들이 빈 공간 없이 꽉 들어차 있었다. 그럼에도 불구하고 핀 하나가 바닥에 떨어져도 들을 수 있을 만한 고요가 성전에 가득 찼다. 그 이유는 바로 하나님의 영광이 그 장소에 가득 찼기 때문이었다. 그러나 나는 설교를 중단하고 설교를 통역하던 그 교회의 사모와 함께 설교단에 조용히 서 있기만 하였다.

세자르 카스텔라노스
(G-12 비젼으로 50만 성도로 부흥한 MCI 담임목사)

세자르 목사님은 하나님의 임재를 체험한 후 놀라운 꿈을 꾸고 교회를 시작하여 세계적인 추수의 역사가 일어나는 사역이 있습니다.[35]

1983년 휴가철을 맞이하여 가족과 함께 대서양 해변가에서 여유로운 시간을 보내고 있을 때 일어난 일이다. 어느 날 해변가를 거닐고 있을 때 하나님의 임재를 강력하게 느끼기 시작했는데. 그와 같은 임재는 나의 생애에서 처음으로 경험하는 것이었다. 그 날에 들은 음성은 나의 마음 가장 깊은 곳에 새겨졌다. "나는 예부터 항상 있는 자다! 경배의 마음을 가다듬도록 하여라. 내가 너를 들어 사용할 것이다!"

그 순간 나는 익숙했던 차원이 아닌 또 다른 차원의 경배를 드리기 시작했고, 나의 작은 세포 하나까지도 주님께 바쳤다. 얼마 후 주님께서 "너의 의자를 옮길 것이다!"라고 말씀하시는 음성을 들었다. 그래서 나는 주님께서 나의 의자를 옮기시도록 가만히 앉아 있었다. 시간이 흘러도 아무 일이 일어나지 않자 나는 스스로 의자를 움직이기 시작하자 주님께서 또다시 말씀하셨다. "나는 직접 너의 의자를 옮길 수 있단다. 그러나 너를 통해서 그렇게 하고 싶구나. 나는 직접적으로 영혼들에게 말할 수 있단다. 그러나 너를 통해 그들에게 다가가고 싶구나. 나는 너를 목회자로 세웠다! 꿈을 꾸어라! 큰 교회에 대한 꿈을 꾸어라! 꿈은 나의 언어란다. 네가 목회할 교회가 얼마나 큰지 하늘의 별과 바다의 모래알과 같이 영혼들의 수는 헤아릴 수 없을 것이며, 너를 통해서 큰 민족을 이룰 것이다!"

…바로 그 날 밤에 주님께서 "너는 어떤 교회에서 목회하고 싶

---
35) G-12 비젼으로 세계를 주님께, 국민일보, pp.38-40

니?"라고 물으셨을 때 나는 말씀을 의지하여 바다의 모래알을 바라보았다. 그러자 기적과 같은 일이 일어났다. 그 작은 모래알 하나 하나가 사람으로 변하는 것이 아닌가! 나는 "무엇을 보느냐?"라는 주님의 질문에 "수천만 명의 사람들이 보입니다!"라고 말하자 주님은 또다시 말씀하셨다. "나의 뜻대로 순종하기만 하면, 이보다 훨씬 더 많은 사람들을 네게 맡길 것이다.!"

조지아 주, 한 여인의 하나님 임재의 간증

토미 테니 목사님은 「다윗의 장막」 책에 한 여인이 하나님의 임재를 체험한 사건을 다음과 같이 소개하였습니다.[36]

"삼주 전 저는 우리 집 거실에 앉아 있었어요. 우리 집은 이 교회에서 800m 떨어져 있답니다. 그런데 뭔지 모르지만 한 영이, 하나님의 임재가 거실로 들어왔어요. 저는 말로로 담배를 피며 버드와이저를 마시며 TV 채널을 돌리고 있었죠. 바로 그 때 하나님의 임재가 거실로 들어왔어요. 처음에는 그것을 피해 도망쳤죠. 자리에서 일어나 부엌으로 갔으니까요. 첫 주에 나는 부엌에서 거실로 갈 수 있었어요. 거실에는 여전히 그 임재가 느껴졌지만 부엌은 괜찮았어요. 그러나 지난주에는 거실에 있던 그 임재가 부엌으로 쳐들어 왔어요. 그래서 저는 침실로 도망갔죠.

오늘 아침 자리에서 일어났더니 그 임재가 제 침실까지 밀고 들어왔더군요. 나는 더 이상 도망갈 수 없었어요! 나는 그것이 여기 교회로부터 오고 있음을 깨달았죠. 그래서 여기로 올 수 밖에 없었던 거에요."

---

36) 다윗의 장막, 두란노, pp.206-207

그 여인은 그날 밤 구원을 받았다. 그녀의 간증은 '임재 전도'가 한 도시에 침투해 들어가는 방식을 아주 잘 설명해 주고 있다.

C 집사의 간증

C 집사님은 제가 한국에서 집회를 인도할 때마다 하나님의 임재를 사모하는 분입니다. 제가 집회를 마치고 미국에 돌아 온 후에 다음과 같이 하나님의 임재를 체험한 감동을 보내왔습니다.

저는 이런 저런 생각과 욕심(?)들을 다 내려놓고 오직 주님께만 초점을 맞추고 주님 안에 거하는 은혜를 더 누리게 되어 모든 것에 놀라운 평안을 느낍니다. 한 번은 임재 가운데 너무나 아름다우신 주님을 생생하게 보았는데 그 광채와 그 아름다움으로 너무나 놀라고 그토록 아름다우신 주님이 저를 사랑하심에 진심으로 감사하며 감동이 되었습니다. 주님으로 인해 모든 것에서 만족을 얻게 되었습니다.

하나님의 임재의 강물이 지금 어느 때보다 많은 사람들에게 흘러가고 있습니다. 하나님의 임재의 강물이 가정과 교회, 직장에 필요합니다.
하나님이 진정으로 원하시는 것은 그분과 가깝고도 친밀한 만남입니다. 대다수 그리스도인들은 하나님이 내주하시는 임재를 제대로 느끼지 못합니다. 그러나 우리는 하나님의 임재를 체험하며 하나님께서 베푸시는 특별한 은총을 받아야 합니다.

하나님의 임재 체험 원리

나는 하나님의 임재를 어떻게 체험할 수 있는가를 고심하는 가운데 하나님 임재의 삶을 살았던 잔느 귀용 책들을 통해 많은 해답을 얻게 되었습니다.

잔느 귀용은 "예수 그리스도로 옷 입었으니 주 안에 거하라"고 말합니다.[37]

> 하나님께 충실하기 위해서 당신이 무엇을 해야만 하는가? 아무것도 없다! 오직 하나님께서 당신의 생명이 되시게 하라! 오직 하나님만이 당신을 움직이도록 허락하라. 그분께 저항하지 말라. 당신 안에 있는 그분 생명의 자연스런 흐름에 의해서 계속 살라. 지금 이 순간에 살고, 어떠한 사건도 그것에 더해지거나 빼지 않고 그대로 펼쳐지게 하라. 당신 안에 있는 하나님의 생명. 그 본능적인 영감에 의해서만 인도하는 법을 배우라. 당신의 주님이 당신의 길을 만드신

---

37) 영혼의 폭포수, 기독교 문서선교회, 유평애 옮김, pp. 129-132

다. 그분이 당신에게 요구하는 모든 것을 그분 자신이 직접 성취하시게 하라. 당신이 할 일은 그저 단순히 이 상태 안에 머무는 것 뿐이다.

당신이 자신 힘으로 행위를 하려고 할 때, 당신은 당신 안에 있는 하나님의 생명에 불충실하게 될 것이다. 당신의 힘에 의지하는 것을 습관이 되지 않게 하라. 아무런 구조책도 잡으려 하지 말고 당신 자신을 죽게 하라… 생명을 잃게 되는 순간에 봉착했을 때 그것에 순응하라! 당신은 이 세상의 모든 것을 지배하지 않고도 모든 것을 소유할 수 있게 될 것이다. 당신에게 남겨진 모든 것은 다 쉬운 것들이다. "하나님의 능력으로 하나님의 길을 따라 하나님이 기뻐하시는 것을 행하라!"

믿음의 충실함은 그저 "아무것도 행하지 않음"이 아니다. 믿음의 충실함이란 오직 그분의 생명으로부터 행하는 것이다. 이 상태에서 우리는 우리 자신의 길을 행하는 길이 아니라 오직 하나님 길만을 갈망 한다… 단순히 그분 안에 머물라. 이따금 이러한 경험 가운데 흐리게 구름이 끼는 때도 있을 것이다. 하지만 당신 스스로 이 구름을 제거하려고 하지 말라. 태양으로 하여금 구름을 제거하게 하라! …오직 그분만을 당신이 따라 살아야 할 규율로 삼으라! 당신은 그리스도의 품성이 아무런 노력 없이 당신의 깊숙한 곳에서부터 흘러나오는 것을 발견할 것이다. 그리스도인의 품성은 자기의 영 안에 있는 주님의 영으로부터 자연스럽게 성장한다.

당신의 보물은 오직 하나님 뿐이다. 그분의 생명으로부터 당신의 생명을 취하라. 그분은 영원하시다! 예수 그리스도로 옷 입으라. 그분이 당신 안에서 말씀하시고 행위하시게 허락하라. 당신의 모든 행위의 선도권을 그분이 취하시게 하라. 그분께 항복하고 스스로 아무런 행위도 하지 말라! 그분이 당신의 마음을 움직일 때까지 그냥 머물러 있으라.

잔느 귀용은 하나님의 임재가 어려운 것이 아니라는 것과 사랑을 통해서 얻을 수 있다고 하였습니다.[38]

우리가 그분을 찾으려는 마음보다 그분이 우리 앞에 나타나려는 마음이 더 간절하며, 우리가 그분을 영접하려는 마음보다 그분이 우리에게 자신을 주려는 마음이 더 뜨겁기 때문이다…

하나님의 임재는 힘이나 폭력을 사용하여 지키거나 빼앗는 것이 아닙니다. 그것은 사랑을 통해서만 얻을 수 있는 평화입니다. 하나님은 어려운 것을 요구하지 않으시며 오히려 단순하고 어린아이와 같은 행동을 크게 기뻐하십니다.

갈급함
성경에서 하나님의 임재를 갈망한 사람들이 있습니다. 성경에서 하나님의 임재를 갈망한 사람의 대표적인 사람은 모세와 고라 자손, 다윗, 시므온, 안나, 바디메오 등입니다

모세
모세는 "원컨대 주의 영광을 내게 보이소서"(출 33:18)라며 하나님의 임재를 갈망하는 기도를 하였습니다.
우리도 모세처럼 "주의 영광을 내게 보이소서"라고 간절하게 기도해야 합니다. 하나님께서 모세의 기도를 응답하여 모세의 앞으로 지나게

---

38) 하나님을 경험하는 기도, NCD, p.18, 65

하시고 다음과 같이 말씀하셨습니다.

> 여호와께서 가라사대 내가 나의 모든 선한 형상을 네 앞으로 지나게 하고 여호와의 이름을 네 앞에 반포하리라 나는 은혜 줄 자에게 은혜를 주고 긍휼히 여길 자에게 긍휼을 베푸느니라 (출 33:19)
> 여호와께서 그의 앞으로 지나시며 반포하시되 여호와로라 여호와로라 자비롭고 은혜롭고 노하기를 더디하고 인자와 진실이 많은 하나님이로라 인자를 천 대까지 베풀며 악과 과실과 죄를 용서하나 형벌받을 자는 결단코 면죄하지 않고 아비의 악을 자여손 삼 사 대까지 보응하리라(출 34:6-7).

고라 자손

> 하나님이여 사슴이 시냇물을 찾기에 갈급함같이 내 영혼이 주를 찾기에 갈급하니이다 내 영혼이 하나님 곧 생존하시는 하나님을 갈망하나니 내가 어느 때에 나아가서 하나님 앞에 뵈올꼬 사람들이 종일 나더러 하는 말이 네 하나님이 어디 있느뇨 하니 내 눈물이 주야로 내 음식이 되었도다 내가 전에 성일을 지키는 무리와 동행하여 기쁨과 찬송의 소리를 발하며 저희를 하나님의 집으로 인도하였더니 이제 이 일을 기억하고 내 마음이 상하는도다 내 영혼아 네가 어찌하여 낙망하며 어찌하여 내 속에서 불안하여 하는고 너는 하나님을 바라라 그 얼굴의 도우심을 인하여 내가 오히려 찬송하리로다 (시 42:1-5).

성경에서 고라인에 대한 언급은 민수기 26장 58절에서 핵심 레위인 가족 명단에 처음으로 등장하며, 역대상 24-26장에서는 성전 관료 명단에는 고라인이 '문지기'(대상 26:1)로 그 이름이 있습니다. 그들은 하나님을 찬양하는 일을 맡았습니다.

고라 자손은 목마른 사슴이 시냇물을 찾는 것처럼 그들의 영혼이 하나님을 찾기에 갈급하였을 뿐만 아니라 하나님 앞에 나아가 뵙는 것을 갈망하였습니다. 그리고 하나님을 바라보았습니다.

여기서 우리가 주목해야 할 말은 "영혼"입니다. 여기서 나오는 '영혼'은 히브리어(nephesh)입니다. 이 단어는 '자아' 혹은 '살아 있는 존재'(창2:7)를 가리킵니다. 신약 성경 처럼 '불멸의 영혼'을 가리키지는 않습니다. 여기서 "영혼"은 '생명' 이라는 뜻과 같습니다. 그러므로 우리도 하나님의 임재를 살아 있는 생명으로 갈망하여야 하겠습니다.

다윗

다윗의 영혼은 잠잠히 하나님만 바라 보았습니다. 다윗은 심지어 마른 땅에 물이 없이 곤핍함 같은 상황에서도 하나님을 갈망하면서 주의 성소에서 주님을 바라보았습니다.

> 나의 영혼이 잠잠히 하나님만 바람이여 나의 구원이 그에게서 나는도다 오직 저만 나의 반석이시요 나의 구원이시요 나의 산성이시니 내가 크게 요동치 아니하리로다 넘어지는 담과 흔들리는 울타리 같은 사람을 죽이려고 너희가 일제히 박격하기를 언제까지 하려느냐 저희가 그를 그 높은 위에서 떨어뜨리기만 꾀하고 거짓을 즐겨하니 입으로는 축복이요 속으로는 저주로다 (셀라) 나의 영혼아 잠잠히 하나님만 바라라 대저 나의 소망이 저로 좇아 나는도다 오직 저만 나의 반석이시요 나의 구원이시요 나의 산성이시니 내가 요동치 아니하리로다 나의 구원과 영광이 하나님께 있음이여 내 힘의 반석과 피난처도 하나님께 있도다 백성들아 시시로 저를 의지하고 그 앞에 마음을 토하라 하나님은 우리의 피난처시로다 (셀라)(시 62:1-8).

하나님이여 주는 나의 하나님이시라 내가 간절히 주를 찾되 물이 없어 마르고 곤핍한 땅에서 내 영혼이 주를 갈망하며 내 육체가 주를 앙모하나이다 내가 주의 권능과 영광을 보려 하여 이와 같이 성소에서 주를 바라보았나이다 주의 인자가 생명보다 나으므로 내 입술이 주를 찬양할 것이라 (시 63:1-3).

시므온

시므온은 의롭고 경건하여, 성령으로 충만하여, 메시아이신 예수님이 곧 오실 것을 기다리고 있었습니다. 그리고 성령님의 계시로 기름을 부으신 왕이요, 메시야이신 예수님을 뵙기 전에는 죽지 않을 것이라는 계시를 받고 기다린 결과 예수님을 만나는 축복을 받았습니다.

하나님께서는 '이스라엘 사람들 가운데에서 어미의 태를 열고 처음 나온 맏아들은 모두 거룩하게 구별하여 나에게 바치라'고 율법에서 말씀하셨기 때문이다. 그들은 또 예수의 정결 예식을 위한 희생 제물로 '산비둘기 한 쌍이나 어린 집비둘기 두 마리를 드리라' 는 율법의 규정을 따랐다. 그날 성전에는 예루살렘에 사는 시므온이라는 사람이 와 있었다. 그는 바르고 경건한 사람으로서 성령이 충만하여, 메시야가 곧 오실 것이라고 늘 기다리고 있었다. 그는 하나님이 기름을 부으신 왕을 보기 전에는 죽지 않을 것이라는 성령의 계시를 받은 일이 있었다.
그날도 그는 성령의 인도로 성전에 가게 되었는데 그때 마침 마리아와 요셉이 율법이 정한 대로 아기 예수를 주께 드리려고 들어왔다. 시므온은 아기를 품에 안고 하나님을 찬양하였다. "주여, 주께서 제게 약속하신 대로 이 종을 평안히 눈감게 되었습니다. 주께서 세상을 위하여 보내 주신 구주를 내 눈으로 보았습니다. 이분은 모든 나라를 비추는 빛이시며 주의 백성 이스라엘의 영광이십니다." 곁에 서서 이 말을 들은 요셉과 마리아는 놀랄 뿐이었다. (눅 2:23-33 현대어성경).

시므온은 성령님의 인도로 성전에 가서 아기 예수를 품에 안고 하나님을 찬양하였을 뿐만 아니라 예수님께 '모든 나라를 비추는 빛이시며 주의 백성 이스라엘의 영광이십니다' 라고 고백 하기도 하였습니다.

시므온은 요셉과 마리아를 축복한 후에 예수님의 삶과 앞으로 많은 사람들에게 하실 사역에 대하여 예언 하였습니다.

안나

안나는 여선지자이며 과부로서 84년동안 성전을 떠나지 않고 주야로 금식하며 기도하면서 하나님을 섬기며 살아왔습니다. 그 갈망과 기다림의 소원이 이루어졌습니다.

마리아와 요셉이 아기 예수를 안고 결례를 행하기 위하여 성전에 왔을 때 만남을 갖고 하나님께 감사하였습니다.

> 여자 예언자 안나도 그날 성전에 있었다. 그 여자는 아셀 지파에 속하는 바누엘의 딸로 나이가 매우 많았다. 결혼한 지 일곱해 만에 남편이 죽었으나 그후 여든네 살이 되도록 과부로 살았다. 그 여자는 성전을 떠나지 않고 밤낮으로 기도하며 때로는 금식하면서 하나님을 섬겨 왔다.(36절에 포함되어 있음)그 예언자는 마침 들어오다가 시므온이 마리아와 요셉에게 하는 말을 듣고 하나님께 감사를 드린 후 구주를 기다리는 예루살렘의 모든 사람에게 메시야가 드디어 오셨음을 알렸다 (눅 2:36-38).

소경 바디메오

소경이며 거지인 바디메오가 예수님의 임재를 얼마나 간절하게 사모하여 그 소원이 이루어진 기사는 마태복음 20:29-34, 마가복음 10:46-52, 누가복음 18:35-43에 기록되어 있습니다.

소경인 바디메오는 얼마나 예수님을 갈망하였는지요? 예수님께서 지나가신다는 소리를 듣고 놓치지 않고 "다윗의 자손 예수여 나를 불쌍히 여기소서"라고 외쳤습니다. 소경 바디메오는 얼마나 예수님 만나기를 갈망하였는지요?

- 장애물이 있음에도 포기하지 않았습니다. 여리고에 사는 바디메오는 사람의 얼굴조차 볼 수 없는 소경이요, 사람들로부터 버림받은 거지였습니다. 그럼에도 자신의소망을 위하여 안주하거나 포기하지 않았습니다.
- 바디메오는 소망과 믿음을, 용기를 가지고 행동으로 실행하였습니다. 그가 원하는것은 부와 명예, 권력이 아니라 예수님을 만나고 그 만남의 기회를 잃지 않고 오직 눈을 떠서 보기를 원하였습니다. "소리 질러 가로되 다윗의 자손 예수여 나를 불쌍히 여기소서!" 그러나 많은 사람들과 제자들이 '잠잠하라' 고 꾸짖었습니다. 바디메오는 그럼에도 더 크게 부르짖었습니다. "더욱 심히 소리 질러 가로되 다윗의 자손이여 나를 불쌍히 여기소서"
- 예수님은 바디메오의 간절한 부르짖음을 들으실 뿐만 아니라 그의 소원을 아시고 응답해 주십니다.

예수께서 머물러 서서 저를 부르라 하시니 저희가 그 소경을 부르며 이르되 안심하고 일어나라 너를 부르신다 하매 소경이 겉옷을 내어 버리고 뛰어 일어나 예수께 나아오거늘 예수께서 일러 가라사대 네게 무엇을 하여 주기를 원하느냐 소경이 가로되 선생님이여 보기를 원하나이다 예수께서 이르시되 가라 네 믿음이 너를 구원하였느니라 하시니 저가 곧 보게 되어 예수를 길에서 좇으니라 (막 10:49-52).

바디메오는 예수님의 은혜를 잊지 않고 하나님께 영광을 돌리며 예수님를 따라 다녔습니다.

> 곧 보게 되어 하나님께 영광을 돌리며 예수를 좇으니 백성이 다 이를 보고 하나님을 찬양하니라(눅 18:43)

하나님의 임재를 머무르게 하는 가장 중요한 것은 하나님의 임재에 대한 갈급함입니다. 오스왈드 샌더스는 청교도인 토마스 구드윈의 말을 인용하면서 하나님의 임재를 갈망하고 사모할 것을 역설하였습니다.[39]

> 토마스 구드윈은 말했다. "하나님께로 오는 것 그 자체만을 위해 하나님께로 나아온 사람들이 있다. 그들은 하나님을 너무나 사랑했다. 하나님의 임재 안에서 오직 하나님과 함께 있는 것 외에 다른 모든 용건들을 그들은 하잘 것 없게 여겼다." 우리는 우리 자신을 다소 정당화하면서 그것은 그들이 하나님과 얼마나 친밀했으며 하나님과의 교제를 얼마나 갈망했는지 잘 드러내주며, 그러한 친밀함과 갈망은 우리가 사모해야 마땅한 것이다.

토미 테니 목사님은 하나님의 임재를 막을 수 있는 방법에 대하여 "내가 아는 한 그분을 막을 수 있는 것은 하나뿐이다. 배고파하지 않는 것이다."라고 말했습니다.

예수님께서는 팔복 가운데 의에 배고파하고 목마른 자에게 복이 있다고 말씀하셨습니다. "의에 주리고 목마른 사람은 복이 있다. 그들이 배부를 것이다"(마 5:6).

---

39) J, Os Wald Sanders, 하나님과 친밀함 누리기(Enjoying intimacy With Goid), 김주성 옮김, 토기장이, 2002

이사야 선지자는 목마른 자에게 물을 주며 성령을 그리고 복을 주신다고 하였습니다.

> 나의 종 야곱, 나의 택한 이스라엘아 이제 들으라 너를 지으며 너를 모태에서 조성하고 너를 도와 줄 여호와가 말하노라 나의 종 야곱, 나의 택한 여수룬아 두려워 말라 대저 내가 갈한 자에게 물을 주며 마른 땅에 시내가 흐르게 하며 나의 신을 네 자손에게, 나의 복을 네 후손에게 내리리니 그들이 풀 가운데서 솟아나기를 시냇가의 버들같이 할 것이라 (사 44:1-4).

우리가 가장 우선적으로 가장 간절히 갈망해야 할 분은 하나님입니다. 우리가 전심으로 하나님을 쫓아갈 때 만나게 해 주십니다. 우리가 마음과 영과 몸을 다해 하나님을 쫓아갈 때 그분은 돌아서서 만나주십니다.

더 가까이

우리가 주님께 가까이 가면 주님은 우리에게 더 가까이 오십니다.

> 나의 영혼이 주를 가까이 따르니 주의 오른손이 나를 붙드시거니와 (시 63:8).
> 하나님께 가까이 함이 내게 복이라 내가 주 여호와를 나의 피난처로 삼아 주의 모든 행사를 전파하리이다 (시 73:28).
> 너희는 여호와를 만날 만한 때에 찾으라 가까이 계실 때에 그를 부르라 (사 55:6).
> 여호와께서는 자기에게 간구하는 모든 자 곧 진실하게 간구하는 모든

자에게 가까이 하시는도다 (시 145:18).
너희는 여호와를 만날 만한 때에 찾으라 가까이 계실 때에 그를 부르라 악인은 그 길을, 불의한 자는 그 생각을 버리고 여호와께로 돌아오라 그리하면 그가 긍휼히 여기시리라 우리 하나님께로 나아오라 그가 널리 용서하시리라 여호와의 말씀에 내 생각은 너희 생각과 다르며 내 길은 너희 길과 달라서 하늘이 땅보다 높음같이 내 길은 너희 길보다 높으며 내 생각은 너희 생각보다 높으니라(사 55:6-9).

잔느 귀용은 '하나님을 경험하는 기도' 에서 기도를 통해 하나님의 임재 안으로 들어가는 것을 다음과 같이 가르쳐 주었습니다.[40]

기도를 통해 하나님의 임재 안으로 들어가려면, 우선 겸허한 마음으로 잠시 동안 침묵을 지키십시오. 행여 기도와 주제를 잊을지도 모른다는 염려는 내려놓으십시오. 단지 우리의 기도 중에 임하실 하나님의 존재에 집중하십시오. 그리고 그분이 임재하실 거룩한 그곳에 머물며, 그냥 하나님을 즐기십시오.
　기도하고 싶은 마음이 들면, 기도하십시오. 그러나 성령께서 당신에게 그분의 임재 안에 종용히 머물고자 부드럽게 이끄시면, 거부하지 말고 그렇게 하십시오. 당신의 움직임으로 하나님의 임재가 사그라지지 않도록 모든 행동을 절제하십시오.

하나님의 임재는 주님에 대한 사모함으로 주님 앞으로 나아갈 때 임합니다. 릭 조이너는 그의 책 「소명」에서 "주님 앞으로 나아와야 주님이 너와 가까이 하실 것이다"라고 하였습니다.[41]

---

40) 하나님을 경험하는 기도, P. 36
41) 소명, 이선협 번역, P.3

> 주님의 임재 안에 거하라. 그저 바라는 것으로 충분하지 않고 주님 앞으로 나와야 한다. 너희가 주님께 나아오면 그분이 너와 가까이 하실 것이다.

예수님께서는 우리가 주님 앞으로 나아오기를 기다리고 있습니다.

> 볼지어다 내가 문 밖에 서서 두드리노니 누구든지 내 음성을 듣고 문을 열면 내가 그에게로 들어가 그로 더불어 먹고 그는 나로 더불어 먹으리라 (계 3:20).
> 너희는 내 얼굴을 찾으라 하실 때에 내 마음이 주께 말하되 여호와여 내가 주의 얼굴을 찾으리이다 하였나이다 (시 27:8).

우리가 하나님의 얼굴을 구하면 그분의 얼굴이 향하는 곳으로 그분의 마음이 흐르기 때문입니다. 하나님의 임재를 간절하게 구해야 합니다. "주님, 주님의 임재를 원합니다. 나는 너무나 임재에 갈급합니다."
 하나님의 얼굴과 그분의 영광을 구하는 것입니다. "내 이름으로 일컫는 내 백성이…스스로 겸비하고 기도하여 내 얼굴을 구하면"(대하 7:14). 그분의 얼굴을 구하면 하늘과 땅을 고쳐주시겠다고 하나님은 약속하셨습니다.
 릭 조이너는 「The Call」(하나님의 부르심)에서 하나님의 임재와 만나는 것을 서술하였습니다.[42]

> …또한 열매 맺는 것보다 당신을 향한 하나님의 부르심은 주님을 아는 것이어야 합니다. 당신이 그 분을 찾는다면 언제든지 그 분을 만날 수 있습니다. 하나님은 그 분의 인도하심을 받는 모든 자들 가까

---

42) 하나님의 부르심, 예태해 역. 은혜출판사, pp. 200-201

이에 계십니다. 수많은 자들이 그 분의 임재하심을 원하지만 인도하심을 받기 원하지 않습니다. 당신은 주님이 원하는 것에 그치지 않고 그 분을 만나야 합니다. 이것이 당신에게 주어진 하나님의 부르심입니다. 이것보다 더 소중한 목적이 없습니다. 당신의 승리 여부는 얼마나 당신이 하나님을 찾았는가에 달려 있습니다. 당신이 언제나 스스로 원하는 만큼 주님께 가까이 있을 것입니다. 인생에서의 승리는 당신이 하나님을 얼마나 원하느냐에 달려 있습니다.

진정한 기도를 할 때 하나님의 임재를 체험할 수 있습니다. 캘빈 밀러(Calvin Miller)는 '기도는 하나님과 함께 있는 것이다'며 존 웨슬레의 기도를 다음과 같이 소개하였습니다.[43]

존 웨슬리는 종종 자신의 설교 능력의 근원이 하나님에 대한 깊은 동경 속에서 시간 가는지도 모르게 드리는 기도에 있다고 말했다. 1738년 12월 31일, 존 웨슬리는 페터 레인에서 찰스 웨슬리, 조지 휘트필드와 함께 거의 밤을 새며 기도를 드렸다. 웨슬리는 그 일을 자신의 일기에 다음과 같이 적었다. "새벽 3시경, 우리가 기도하고 있을 때 하나님의 능력이 우리에게 강력하게 임했다. 많은 사람들이 주체할 수 없는 기쁨에 눈물을 흘리며 땅에 엎드렸다. 하나님의 위엄 앞에서 떨리는 마음을 추수르자 우리는 한 목소리로 '오, 하나님! 당신을 찬양합니다. 우리는 당신이 만왕의 왕이심을 고백합니다'라고 외쳤다. 웨슬리는 그러한 찬양이 통제할 수 없는 환희라는 것을 알았다. 그 환희는 사람들을 경배 속으로 몰입시킨다… 시간이 바뀌면 하나님에 대한 새로운 사랑이 싹튼다. 그 다음에는 하나님과 같이 있다는 경외감이 우리를 사로잡는다. 이것이 우리 힘으로 가능한

---

43) 깊은 은혜 속으로, 김창대 옮김, 작은 행복, 2002, p. 82

것일까? 아니다. 그것은 우리 속에 하나님을 향한 갈망이 자연스럽게 저절로 이루어지는 현상이다.

우리가 하나님께 가까이 가면 갈수록 그분의 임재의 불꽃을 체험하게 됩니다. 하나님의 산에 올라가면 갈수록 거룩하신 하나님 앞에서 청결한 마음을 가질 수밖에 없습니다.

회개와 기도

하나님의 임재를 머무르게 하기 위해서 우리가 구체적으로 죄악을 회개해야 합니다. 하나님의 임재는 우리가 상한 심령으로 회개하며 무릎 꿇을 때에 임합니다. 그분의 임재는 순결을 요하기 때문입니다. 우리가 하나님의 임재에 들어가 그분을 가까이 하고도 살아남을 수 있는 유일한 길은 상한 심령을 통한 죽음입니다.

다윗은 상한 심령에 대하여 다음과 같이 표현하였습니다. "하나님의 구하시는 제사는 상한 심령이라 하나님이여 상하고 통회하는 마음을 주께서 멸시치 아니 하시리 이다"(시 51:17).

하나님의 임재에 대해 릭 조이너는 회개의 중요함을 다음과 같이 강조하였습니다.[44]

"주님의 임재가 있을 때 회개하게 될 것이다. 주님의 임재 앞에 누가 감히 자기 영광이나 지위를 내세울 수 있을 것인가? 우리가 어린 양 되신 주님의 참 모습을 보게 될 때 우리 모두는 자신의 보잘 것 없음과 자만해 온 일들로 인하여 엎드려 긍휼을 구하게 될 것이고 주의 백성들에게 상처를 주거나 분열시킨 일들을 회개하게 될 것이다."

---
44) 추수, 이선협 번역, 2002, 은혜출판사, p, 73

**하나님의 임재를 가로막는 장애물 가운데 하나는
회개하지 않는 것입니다.**

프랜시스 프랜지팬은 죄를 회개하지 않으면 하나님과 관계가 깨어지고 사탄이 이를 이용해서 우리를 억누르는 요새(strongholds)가 된다고 하였습니다. 프랜시스는 그것을 다음과 같이 자세하게 설명해 주었습니다.[45]

"당신에게 친한 친구가 있는데 다른 사람에게 그의 잘못된 점을 이야기한 경험이 있습니까? 그 후에 그를 만나면 무언가 서먹서먹한 관계가 되어 버리지요? 그에게 털어 놓고 정직하게 대하지 않았기 때문입니다. 당신의 죄 때문에, 당신과 그 친구 사이에는 작지만 뚜렷한 거리가 있습니다. 자신의 행동을 부끄럽게 생각하면서도 회개하지 않은 채로 있으면, 당신이 상처를 입힌 그 사람을 피하기 시작합니다. 겉으로는 아닐지라도 적어도 당신의 눈과 마음으로 말입니다. 그전에 아무리 친했다고 할지라도, 말없이 서로를 알아주고 있으면 편했던 그런 관계는 사라지고 맙니다. 끝까지 회개하지 않으면 결국 그 관계는 아예 깨어져 버립니다. 둘 다 왜 멀어졌는지 잘 모를 수도 있지만 당신이 가졌던 사랑이 죄를 지은 것 때문에 그리고 그것을 회개하지 않은 것 때문에 죽어 버린 것입니다."

털어 놓고 솔직해야 좋은 인간관계를 유지할 수 있는 것처럼 우리와 하나님과의 관계도 마찬가지입니다. 그분 앞에 죄를 지으면 부지중에 하늘과 우리 사이에 장벽을 세우게 됩니다. 교회는 계속 갈지 모르지만 우리 마음에 외식과 거리감을 느끼게 됩니다. 하나님을 바깥에 두고 세운 장벽은 영적으로 우리를 죄에 가두어 놓고 맙니다. 이러한 장벽이 높아

---

45) 거룩, 진리, 하나님의 임재, pp.39-40).

지면 사탄이 이용해서 우리를 억누르는 요새가 됩니다. 결과적으로 하나님을 향해 우리가 세운 장벽은 하나님의 임재 밖에 영혼을 가두게 되고 바깥 어두움 속에서 영혼을 짓밟습니다. 그것이 바로 지옥을 구성하는 본질입니다.

그러나 하나님은 사랑이십니다. 우리를 사랑하셔서 죄에서 구해 주실 뿐만 아니라, 죄가 우리와 하나님의 교제 사이에 가져다 준 부정적인 결과로부터 우리를 해방시켜 주십니다. "저희 죄와 불법을 내가 다시 기억지 아니하리라"고 약속해 주십니다(히 10:17). 용서를 구할 때마다 그분과의 관계가 자유롭고 새롭게 됩니다.

프랜시스 프랜지팬이 회개하는 것이 얼마나 중요한 것인지를 다음과 같이 기록했습니다. [46]

> 회개를 무시하지 마십시오. 주님 안에서 영적으로 크게 성장할 때마다 거기에는 반드시 깊은 회개가 있습니다.

한 사람의 생애에 살아 계신 그리스도가 오시려면 언제나 회개가 선행됩니다. '예비하고', '준비하는' 것이 회개의 목적입니다. 확실히 이해하셨습니까? 요한이 전파한 회개는 그저 후회하는 데서 끝나지 않았습니다. 사람들을 그리스도를 위해 준비시켰습니다. 진정한 회개는 마음의 토양을 완전히 뒤집어서 새로운 개념과 방향을 심는 것입니다. 영적으로 성장하기 위해서 이와 같은 전체적인 작업이 필수적입니다. 요한은 유대인에게 "회개에 합당한 열매를 맺으라"고 명령했습니다(마 3:8).

요한은 열매를 보이기까지 회개를 계속하라고 사람들에게 요구했습니다. 마찬가지로 당신이 거룩해지려 한다면 거룩하게 될 때까지 회개를

---

46) 거룩, 진리, 하나님의 임재, pp. 71, 73

계속해야 할 것입니다.

진정한 회개를 하면 우리의 영혼이 맑아져서 주님을 뵐뿐만 아니라 주님의 사랑 때문에 기뻐하며 찬양으로 하나님께 영광을 돌리게 될 것입니다.

주님을 깊이 체험하는 열쇠는 기도입니다.

예수님과 깊은 임재를 체험하였던 잔느 귀용(Jeanne Guyon)은 주님을 깊이 알기 위하여 주님께로 나아오는 것은 기도가 바로 그 열쇠라고 설명하였습니다.[47]

> …하나님 자신에게서만 발견되는 그러한 완전함과 선함에 이르게 하는 열쇠를 쥐고 있는 것이 '기도'이다… 당신도 알다시피 완전함에 이르는 유일한 길은 하나님의 임재 안에서 행하는 것이다. 당신이 하나님과 끊임없는 교제를 유지하면서 그분의 임재 안에서 살 수 있는 유일한 방법은 기도를 통해서인데, 그것은 아주 특별한 유형의 기도를 통해서이다. 이 기도는 당신을 하나님의 임재로 인도하여, 언제나 그 앞에 있게 해주는 그러한 기도이다…
>
> 내가 말하려고 하는 유형의 기도는 머리로부터 나오는 기도가 아니라는 사실을 서둘러서 말하고 싶다. 내가 말하려는 기도는 마음에서 시작되는 기도이다.

하나님의 얼굴을 구할 때 하나님의 임재를 체험할 수 있습니다.

> 너희는 내 얼굴을 찾으라 하실 때에 내 마음이 주께 말하되 여호와여 내가 주의 얼굴을 찾으리이다 하였나이다 (시 27:8).

---

47) 예수 그리스도를 깊이 체험하기〈EXPERIENCING THE DEPTHS OF JESUS CHRIST〉, 채수범 옮김, 생명의말씀사, 1995. p. 18

내 영혼아 네가 어찌하여 낙망하며 어찌하여 내 속에서 불안하여 하는고 너는 하나님을 바라라 나는 내 얼굴을 도우시는 내 하나님을 오히려 찬송하리로다 (시 42:11).
하나님은 우리를 긍휼히 여기사 복을 주시고 그 얼굴빛으로 우리에게 비취사 (셀라)(시 67:1).

시편 저자는 "하나님의 능력과 그 얼굴을 항상 구하라"고 명령하였습니다. 여호와와 그 능력을 구할 지어다 그 얼굴을 항상 구할지어다"(시 105:4). 엘리야 선지자는 살아 계신 하나님 여호와 앞에 서서 주님께 초점을 맞추었습니다. 그것이 영권의 본질이었습니다. 엘리야는 하늘을 닫고 하늘에서 불을 내리는 능력을 가지고 있었습니다.

우리에게 하나님을 만나는 것보다 더 중요한 것은 없습니다. "너희가 전심으로 나를 찾고 찾으면 나를 만나리라"(렘 29:13) 하나님의 약속의 말씀처럼 그분을 만날 때까지 구하고 찾는 것입니다. 하나님을 찾아 만나면 하나님의 임재하심 속에서 살게 됩니다.

깊은 묵상과 친밀함으로 하는 기도

깊은 묵상은 단지 가만히 앉아 하나님을 생각하고, 사랑하는 그 분만을 바라보고 또 계속 바라보는 것입니다. 다윗은 그의 영혼이 하나님만 바라보았습니다. "나의 영혼아 잠잠히 하나님만 바라라."(시 62:5) 하나님을 사랑하고 하나님의 영광에 대해 묵상할 때 하나님의 깊은 임재를 체험할 수 있습니다. 다윗은 침상에서 주님을 기억하여 묵상하였습니다.

내가 나의 침상에서 주를 기억하며 밤중에 주를 묵상할 때에 하오리

니 주는 나의 도움이 되셨음이라 내가 주의 날개 그늘에서 즐거이 부
르리이다 (시 63:6-7).

하나님의 임재를 깊이 체험하는 열쇠는 서로 사랑하는 것과 값을 지
불하는 것입니다.[48]

오스왈드 샌더스는 예수님과 더 친밀함을 받는 열쇠를 예수님과 상호
적인 사랑과 신뢰 그리고 더 깊은 친밀감을 얻기 위해 값을 지불할 용의
가 있는 사람이라고 하였습니다.

…그렇다면 왜 요한이 그룹에서 수위를 차지했을까? 특별한 은총의
자리가 모두에게 열려 있었지만, 오직 그만이 그 자리를 자기의 것
으로 삼았기 때문이다. 다른 사도들보다 더 깊은 예수님과의 친밀함
으로 요한을 인도한 것은 그의 사랑이었다. 예수께서는 그들 모두를
사랑하셨지만, 오직 요한만이 "예수께서 사랑하신 제자"라는 칭호
를 얻었다. 만일 예수께서 요한을 다른 제자들보다 더 많이 사랑하
셨다면, 그것은 요한이 예수님을 다른 이들보다 더 많이 사랑했기
때문이었다. 상호적인 사랑과 신뢰는 친밀함의 열쇠이다.

하나님과 더 깊은 친밀감을 누리는 내부 서클로 들어가는 것은 깊
은 갈망의 결과인 것 같다. 그런 친밀함을 다른 모든 것을 희생할 만
한 가치 있는 상급으로 보는 자들만이 그것을 성취할 가능성이 크
다. 만일 그것 외의 다른 친밀함을 더 갈망한다면, 우리는 그 교제권
에 결코 들어가지 못할 것이다.

예수님의 품에 안기는 자리는 여전히 비어있으며, 더 깊은 친밀감
을 얻기 위해 값을 지불할 용의가 있는 누구에게든 열려있다. 우리
는 현재에도, 그리고 미래에도 우리가 정말로 선택하는 만큼만 하나

---

48) 하나님과 친밀함 누리기, pp.20-21

님과 친밀할 것이다.

때론 하나님과 친밀함을 누리려고 할 때 어두운 밤과 같은 고난이 있습니다. 그 대표적인 인물은 모세와 바울입니다.

모세는 애굽의 왕궁에서 애굽 사람의 학술을 받았지만 하나님의 친밀함의 훈련을 광야에서 받았습니다. 황량한 사막에서 고립되어서 하나님과 친밀함을 개발하기도 하였습니다(행 7:22-38).

모세가 애굽 사람의 학술을 다 배워 그 말과 행사가 능하더라 나이 사십이 되매 그 형제 이스라엘 자손을 돌아볼 생각이 나더니 한 사람의 원통한 일 당함을 보고 보호하여 압제받는 자를 위하여 원수를 갚아 애굽 사람을 쳐죽이니라 저는 그 형제들이 하나님께서 자기의 손을 빌어 구원하여 주시는 것을 깨달으리라고 생각하였으나 저희가 깨닫지 못하였더라 이튿날 이스라엘 사람이 싸울 때에 모세가 와서 화목시키려 하여 가로되 너희는 형제라 어찌 서로 해하느냐 하니 그 동무를 해하는 사람이 모세를 밀뜨려 가로되 누가 너를 관원과 재판장으로 우리 위에 세웠느냐 네가 어제 애굽 사람을 죽임과 같이 또 나를 죽이려느냐 하니 모세가 이 말을 인하여 도주하여 미디안 땅에서 나그네 되어 거기서 아들 둘을 낳으니라 사십 년이 차매 천사가 시내 산 광야 가시나무떨기 불꽃 가운데서 그에게 보이거늘 모세가 이 광경을 보고 기이히 여겨 알아보려고 가까이 가니 주의 소리 있어 나는 네 조상의 하나님 즉 아브라함과 이삭과 야곱의 하나님이로라 하신대 모세가 무서워 감히 알아보지 못하더라 주께서 가라사대 네 발의 신을 벗으라 너 섰는 곳은 거룩한 땅이니라 내 백성이 애굽에서 괴로움 받음을 내가 정녕히 보고 그 탄식하는 소리를 듣고 저희를 구원하려고 내려왔노니 시방 내가 너를 애굽으로 보내

리라 하시니라 저희 말이 누가 너를 관원과 재판장으로 세웠느냐 하
며 거절하던 그 모세를 하나님은 가시나무떨기 가운데서 보이던 천
사의 손을 의탁하여 관원과 속량하는 자로 보내셨으니 이 사람이 백
성을 인도하여 나오게 하고 애굽과 홍해와 광야에서 사십 년간 기사
와 표적을 행하였느니라 이스라엘 자손을 대하여 하나님이 너희 형
제 가운데서 나와 같은 선지자를 세우리라 하던 자가 곧 이 모세라
시내 산에서 말하던 그 천사와 및 우리 조상들과 함께 광야 교회에
있었고 또 생명의 도를 받아 우리에게 주던 자가 이 사람이라
(행 7:22-38).

바울은 유대교 가말리엘의 문하에서 사사를 받고 훈련을 받았지만 하나님의 친밀함의 훈련은 아라비아 광야에서 3년 동안 받았습니다. 모세와 바울 둘 다 홀로 고난 속에서 하나님과 친밀함의 훈련을 받았습니다.

그 아들을 이방에 전하기 위하여 그를 내 속에 나타내시기를 기뻐하
실 때에 내가 곧 혈육과 의논하지 아니하고 또 나보다 먼저 사도 된
자들을 만나려고 예루살렘으로 가지 아니하고 오직 아라비아로 갔다
가 다시 다메섹으로 돌아갔노라 그 후 삼 년 만에 내가 게바를 심방하
려고 예루살렘에 올라가서 저와 함께 십오 일을 유할새 (갈 1:16-18).

참 마음으로 기도할 때 하나님의 임재를 체험합니다.
마음의 기도는 내면적인 명상을 통해 마음속의 모든 잡념을 물리치고 거룩한 침묵, 내적 고요, 마음의 평정을 찾아 참 기도를 드리는 것입니다. 참 기도의 경지에 갈 때는 감정과 부질없는 상념과의 투쟁 속에 고양되고 확고해 집니다.
아토스의 성자 실루안은 참 마음으로 기도할 때 '상념(imagination)

의 투쟁'에서 승리해야 함을 다음과 같이 여러 곳에서 가르쳐 주었습니다.[49]

형제들아, 우리가 이제는 세상과 세상의 일에 속하는 모든 것에 대해서는 잊어버리자. 세상은 우리를 우리의 지성으로는 결코 이해할 수 없는 거룩하신 삼위일체 하나님을 무시하도록 유혹한다.
 그러나 하나님은 성령의 역사를 통하여 하늘에 속한 성도들이 앙망하는 분이시다. 그러므로 우리는 마땅히 허탄한 생각을 버리고 항상 기도하지 않으면 안된다.
 먼저 고행가는 보다 깊은 뿌리인 감정에 연루되어 있는 갖가지 상념들을 제하여야 한다. 모든 감정은 그에 대응하는 상념을 가지고 있고, 일반적으로 인간은 상념에 집중시킬 때에 비로소 힘을 얻게 된다는 사실을 실루안 수도사는 깨달았다. 그러므로 정신이 상념을 쫓아버린다면, 감정 그 자체는 더 이상 확대되지 않고 사라져버릴 것이다… 고행가가 맞서 싸워야 할 두 번째 상념은 몽상이다. 사람이 공상에 몰두하게 되면, 환상의 지배를 받기 때문에 세상의 사물의 참된 질서를 망각하게 된다.
 사단이 제공하는 상념과 인간에 의해 만들어진 상념은 아주 강력한 힘을 발휘할 수 있다. 그것은 그것들이 무로부터 창출되는 신적 능력처럼 근본적으로 강력하기 때문이 아니라, 인간의 의지가 그것들에게 굴복을 당하기 때문이다. 사람의 의지가 이 상념들의 세력에 의해 구현되는 것은, 오직 인간이 그것들에게 굴복할 때에만 그렇다. 그러나 우리는 회개를 통하여 감정과 상념의 횡포로부터 벗어날 수가 있다. 회개함으로써 구세주에 의해 자유롭게 된 그리스도인은 상념의 세력들을 조롱할 수 있다.

---

49) pp. 140-141, 142, 147-148

나는 마음의 기도로 깊은 임재 속으로 들어가기 전에 방해를 받을 때 예수의 기도를 합니다. 예수의 기도는 "하나님의 아들이신 주 예수 그리스도시여, 죄인인 내게 자비를 베푸소서!" 이 기도를 간절하게 계속 반복하여 합니다. 그리고 깊은 기도에 들어가기 위해 내적 고요함을 가지고 주님을 사랑하는 기도를 합니다. 그러면 주님의 임재를 체험합니다.

잔느 귀용(Jeanne Guyon)은 주님을 깊이 체험하는 방법으로 "주님 바라보기 혹은 주님의 임재하심 속에서 기다리기"를 다음과 같이 가르쳐 주었습니다.[50]

첫째, 성경의 한 구절을 읽으라. 일단 주님의 임재를 느끼게 되면 읽는 성경의 내용은 더 이상 중요하지 않게 된다. 이제 성경은 그 목적을 다 한 것이다. 성경은 당신의 생각을 잠재웠고, 당신을 주님께로 인도했다.

이제 이 문제를 좀 더 분명하게 이해하기 하기 위하여 당신이 단지 주님을 바라보며, 그분을 기다리는 간단한 행위를 통해 주님께 나아가는 방법에 대하여 설명하기로 하겠다.

먼저 주님과 함께 하기 위한 별도의 시간을 마련하라. 주님께로 나아갈 때에는 조용하게 나아가라. 당신의 마음을 하나님의 임재로 향하게 하라. 어떻게 해야 이러한 상태가 되는가? 그것 또한 믿음으로 향하게 하는 것이다. 당신이 하나님의 존전에 나와 있다는 사실을 믿게 되는 것이다.

그 다음 주님 앞에 있는 동안에 성경의 어떤 부분을 읽어 나가기 시작하라. 성경을 읽어 나가다가 잠시 중단하라.

그러한 중단은 아주 차분한 것이어야 한다. 당신의 지성을 성령님께로 고정시키기 위하여 읽는 것을 멈추는 것이다. 이제 당신의 지

---

[50] 예수 그리스도를 깊이 체험하기(EXPERIENCING THE DEPTHS OF JESUS CHRIST), p. 24,25

성을 내적으로, 즉 그리스도께로 고정시키게 된다… 주님 앞에 있는 동안에는 당신의 마음을 주님의 임재 안에 계속 있게 하라… 당신의 믿음으로써 마음을 주님의 임재 안에 계속 있게 할 수 있는 것이다. 이제는 주님 앞에서 기다리면서 당신의 모든 의식을 당신의 영으로 향하게 하라. 당신의 생각을 흩어지지 못하게 하라. 만일 당신의 생각이 흐트러지기 시작한다면 의식을 다시 당신의 존재의 내적인 부분으로 돌이키라.

최고의 사랑을 주님께

잔느 귀용은 하나님을 사랑함으로 하나가 되는 임재 속에 있었습니다. 그녀가 쓴 「예수그리스도와의 친밀함」에서 다음과 같이 하나님과 아름다운 사랑으로 하나된 것을 볼 수 있습니다.[51]

주님, 내가 당신의 뜻 안에 있을 때에 내가 어떻게 만족하지 않을 수 있겠습니까? 하나님의 사랑으로 인하여 당신이 그의 나라의 시민이 될 때에, 어떤 권세가 당신을 옥에 가둘 수 있겠습니까? 하나님께서 당신의 마음을 그 분 자신으로 채우실 때에, 이 세상은 정말 매우 작게 보일 것입니다. 주님, 나는 당신을 온 우주의 왕으로서 사랑할 뿐만 아니라, 그냥 당신 자신으로 인하여 사랑합니다. 그리고 나는 당신을 사랑하며, 당신만을 위하여 당신의 모든 백성들을 사랑합니다.

당신이 나와 하나가 되었습니다. 그래서 당신은 내 영의 영이시며, 내 생명의 생명이십니다. 내가 당신과 엉켜졌기 때문에, 나는 혼자서는 존재할 수 없습니다. 모든 사람들이 나를 버린다 할지라도, 나의 사랑이신 당신은 여전히 살아 계십니다. 그리고 나는 당신 안

---

51) 잔느 귀용, 예수 그리스도와의 친밀함, 박선규 옮김, 순전한나드출판사

에 거할 것입니다.

성경에서 가장 놀라운 하나님의 임재를 체험하는 축복을 누린 것은 예수님을 가장 사랑하여 가장 귀한 옥합을 가지고 와서 깨뜨린 마리아입니다. 이 기사는 사복음에 다 기록되어 있습니다.

예수께서 베다니 문둥이 시몬의 집에 계실 때에 한 여자가 매우 귀한 향유 한 옥합을 가지고 나아와서 식사하시는 예수의 머리에 부으니… 이 여자가 내 몸에 이 향유를 부은 것은 내 장사를 위하여 함이니라 내가 진실로 너희에게 이르노니 온 천하에 어디서든지 이 복음이 전파되는 곳에는 이 여자의 행한 일도 말하여 저를 기념하리라 하시니라 (마 26:6-13).

예수께서 베다니에 있는 나병환자 시몬의 집에 계실 때였다. 예수께서 음식을 잡수시고 계셨는데 한 여자가 매우 값진 나드 향유가 든 옥합을 가지고 와서 그것을 깨뜨려 예수의 머리에 부었다.…이 여자는 자기가 할 수 있는 일을 다하였다. 내 장례를 위하여 미리 내 몸에 향유를 부어 준 것이다. 내가 분명히 말한다. 온 세상 어디서든지 복음이 전파되는 곳마다 이 여자가 한 일도 전해져서 사람들의 기억에 남게 되고 또한 높이 평가될 것이다"(막 14:3-9 현대어).

한 바리새인이 예수께 자기와 함께 잡수시기를 청하니 이에 바리새인의 집에 들어가 앉으셨을 때에 그 동네에 죄인인 한 여자가 있어 예수께서 바리새인의 집에 앉으셨음을 알고 향유 담은 옥합을 가지고 와서 예수의 뒤로 그 발 곁에 서서 울며 눈물로 그 발을 적시고 자기 머리털로 씻고 그 발에 입맞추고 향유를 부으니… 여자를 돌아보시며 시몬에게 이르시되 이 여자를 보느냐 내가 네 집에 들어오매 너는 내게 발 씻을 물도 주지 아니하였으되 이 여자는 눈물로 내 발을 적시고 그 머리털로 씻었으며 너는 내게 입맞추지 아니하였으되 저는 내가 들어올 때로부터 내 발에 입맞추기를 그치지 아니하였으며 너는 내 머리에 감람유도 붓지 아니하였으되 저는 향유를 내 발에 부었느니라 이러므로 내가 네게 말하노니 저의 많은 죄가 사하여졌도다 이는 저의 사랑함이 많음이라 사함을 받은 일이 적은 자는 적게 사랑하느니라(눅 7:36-47).

마리아는 지극히 비싼 향유 곧 순전한 나드 한 근을 가져다가 예수의 발에 붓고 자기 머리털로 그의 발을 씻으니 향유 냄새가 집에 가득하더라 제자 중 하나로서 예수를 잡아 줄 가룟 유다가 말하되 이 향유를 어찌하여 삼백 데나리온에 팔아 가난한 자들에게 주지 아니하였느냐 하니 이렇게 말함은 가난한 자들을 생각함이 아니요 저는 도적이라 돈궤를 맡고 거기 넣는 것을 훔쳐 감이러라 예수께서 가라사대 저를 가만 두어 나의 장사할 날을 위하여 이를 두게 하라 가난한 자들은 항상 너희와 함께 있거니와 나는 항상 있지 아니하리라 하시니라 유대인의 큰 무리가 예수께서 여기 계신 줄을 알고 오니 이는 예수만 위함이 아니요 죽은 자 가운데서 살리신 나사로도 보려 함이러라(요 12:3-9).

우리는 마리아를 통해 가장 귀한 보물을 발견합니다.

마리아는 가장 귀하고 비싼 향유가 든 옥합을 깨뜨려 예수님의 머리와 발에 부었습니다. 이 옥합은 순전한 나드로, 값어치로 계산하면 보통 노동자 일년치 봉급에 해당하는 것입니다. 마리아는 자신이 가지고 있는 모든 향유를 오직 예수님만을 사랑한 나머지 가장 귀하고 비싼 것을 깨뜨렸습니다. 그러나 그 주위에 있던 바리새인들과 예수님의 제자들은 이 모습을 보고 화를 냈습니다. 마리아가 아름다운 일을 하였음에도 불구하고 제자들은 괴롭혔습니다. 그 이유가 그 비싼 향유를 팔아서 가난한 사람을 도와주는 것이 낫다고 생각하는 것이었습니다. 그러나 마리아의 생각은 이들이 생각하는 것과 전혀 다른 예수님을 가장 사랑하는 표현이었습니다. 그 사랑하는 최대의 실천은 순전한 나드가 든 옥합을 깨뜨리는 것이었습니다.

> 하나님은 마리아가 옥합을 깨뜨릴 때 향기로운 냄새를 맡으셨습니다. 마리아는 눈물을 흘려서 먼지 묻고 오물이 묻은 그리고 땀 냄새가 나는 예수님의 발을 씻고 닦았습니다. 마리아는 그의 흐르는 눈물까지도 주님을 위해 드렸습니다. 마리아는 눈물이 뺨을 타고 흘러 턱으로 떨어지는 모든 눈물까지 모아 주님을 위해 사용하였습니다. 시편의 저자처럼 그의 눈물을 주님의 항아리에 담았습니다. "이것이 이렇게 헤매고 있는 것 주께서는 다 헤아리고 계시오니 나의 눈물을 주님의 항아리에 담으소서. 주님의 책에 기록해 주소서"(시 56:8 현대어성경).

마리아가 머리털로 주님의 발을 씻는 데는 겸손함이 있었습니다.
성경에 의하면 머리털은 여자의 "영광"(고전 11:15)이었습니다. 예수님 당시에 중동의 여자들은 공공장소에서 대부분 머리를 틀어 올리거나 두건이나 덮개를 둘렀습니다. 따라서 예수님의 발을 씻기 위해 머리털을 풀어야 했습니다. 영광을 버린 것 같습니다. 그 당시 손님들의 발을 씻어 주는 일은 집안에서 가장 비천한 종이 하는 것입니다. 그럼에도 불구하고 마리아가 예수님의 발을 씻어 주는 것은 놀라운 경배입니다.

이와 반해서 예수님의 제자들은 선생이 왔음에도 불구하고 선생님에게 물을 가져와 수건으로 발을 씻겨 주는 사람이 한 사람도 없었습니다. 그러나 마리아는 예수님을 너무 사랑한 나머지 자기가 할 수 있는 최선을 다해 사랑을 표현하였습니다.

그리고 나서 예수께서 그 여자를 보시며 시몬에게 말씀하셨다. "여기이 여자를 보라. 너는 내게 발의 먼지를 씻을 물도 주지 않았지만 이 여자는 눈물로 내 발을 적시고 머리카락으로 닦아 주었다. 너는 내 얼굴에도 입 맞추며 인사하지 않았지만 이 여자는 들어와서부터 거듭거듭 내 발에 입을 맞추었다. 너는 내 머리에 기름을 바르는 예의도 차리지 않았지만 이 여자는 값진 향유를 내 발에 부었다. 그러므로 이 여자는 많은 죄를 용서받았다. 그 증거로 이 여자는 나를 많이 사랑하였다. 그러나 적게 용서받은 사람은 사랑도 적게 나타낸다"(눅 7:44-47 현대어).

「하나님의 사랑」이라는 고전적인 책을 쓴 클레르보의 버나드(Benard of Clairvx)는 '사랑의 길'이 세 가지 발달과정과 기도임을 다음과 같이 말하였습니다(하나님의 사랑. 엄성옥 옮김, 은성, 2000, pp.222-224).

- 발에 입맞춤: 먼저 행복한 회개자(마리아)를 본받아 발에 대한 입맞춤이 있었습니다.
- 그의 손에 입맞춤: 당신을 위한 중간의 준비 단계가 틀림없이 있을 것입니다. 그것은 그의 손의 입맞춤에 의해 마련됩니다.
- 그리스도의 생명에 입맞춤: 거룩한 입맞춤으로 그리스도와 합일되는 가운데 우리는 그의 놀라운 겸손을 통해 한 영이 되었습니다.

기도

오, 주 예수님, 나의 마음은 당신께 외칩니다 "여호와여, 내가 주의 얼굴을 찾으리이다"(시 27:8) 내가 당신의 거룩한 발자욱에 입 맞추면서 먼지 속에 굽혀 누워 있을 때 당신께서는 나로 하여금 아침에 당신의 자비를 들을 수 있게 하셨습니다. 당신께서 나의 이전의 생활의 죄악을 용서하셨기 때문입니다. 내 삶의 날들이 계속될 때 당신께서는 당신의 종의 영혼을 기뻐하셨습니다. 당신의 손에 입 맞춤으로서 당신께서는 내게 잘 살 수 있는 은혜를 허락하셨기 때문입니다. 오, 선하신 주님, 그리고 이제 남은 것은 나로 하여금 당신의 빛의 충만한 가운데 들어가 내 영의 열정을 가지고 당신의 거룩하신 입술에 입 맞추는 일을 허락하는 것입니다. 당신께서는 내 속으로부터 당신 얼굴의 즐거움을 이루셨습니다.

마리아가 향유를 부은 것은 예수님의 장사를 미리 준비한 것이었습니다.

마리아는 예수님을 너무나 사랑하여 거듭거듭 예수님의 발에 입을 맞추고, 값진 향유를 부었습니다. 마리아가 향유를 부은 사랑은 눈앞에 살아 있는 예수님에게만 한 것이 아니었습니다. 예수님께서 십자가에 못 박혀 죽으실 장사를 준비한 예언적인 행동까지 한 것이었습니다.

마리아는 예수님의 말씀대로 장례를 위하여 미리 향유를 부었지만 실제로 예수님께서 죽으신 다음에도 시체에 기름을 바르기 위해 무덤에 갔습니다. 마리아는 예수님 생전에 기름을 두 번이나 부었지만(눅 7:36-46, 마 26:6-13) 그것으로 끝난 것이 아니라 예수님께서 십자가에 죽으신 후에도 시신에 기름을 바르려고 다시 귀한 향유를 들고 무덤에 갑니다. 그러나 무덤은 비어 있었습니다. 하지만 마리아는 놀라운 체험을 합니다. 부활하신 예수님께서 하늘에 오르기 전에 마리아를 찾아오셨습니다. "마리아야, 마리아야!" 처음에 마리아는 주님을 알지 못했습니다. 그녀는 동산지기인줄 알았습니다. 그때 예수님께서 말씀하셨습니다.

"나를 만지지 말라. 아직 내가 아버지께로 올라가지 않았다. 이제 너는 내 형제들을 찾아가서 내가 내 아버지이며 너희의 아버지 곧 내 하나님이며 너희의 하나님이신 분께 올라간다고 말하라" (요 20:17).

마리아는 자신의 영광과 자아와 사람들에 대한 두려움을 버리고 주님을 끝까지 사랑하였습니다. 예수님의 제자 중 어느 누구 하나도 예수님의 장례를 준비하여 기름을 붓지 않았으며, 오히려 그들은 무서워서 도망갔습니다. 하지만 연약한 여자임에도 불구하고 마리아는 담대하게 자신의 사랑을 예수님께 표현 하였습니다. 또한 마리아는 값비싼 향유를 아끼지 않았습니다. 이런 마리아에게 부활하신 예수님이 영광스러운 모습으로 친히 만나주셔서, 마리아는 임재를 체험하는 축복을 받았습니다. 하나님을 사랑하고 하나님을 찾는 사람들에게 하나님께서 자신을 계시하십니다.

잔느 귀용(Jeanne Guyon)은 주님을 깊이 체험하는 축복을 다음과 같이 가르쳐 주었습니다.[52]

하나님의 나라를 다른 곳에서 찾지 말고, 바로 거기, 즉 당신 안에서 찾으라. 하나님의 나라가 당신 안에 있으며, 또한 당신 안에서 발견될 수 있다는 것을 깨달았다면, 이제는 주님께로 나오기만 하라.
　당신이 주께로 나올 때에는 주님을 깊이 사랑하는 마음으로 나오라. 아주 온유하고 부드럽게 주님께로 나오라. 또한 깊이 경배하는 심정으로 나오라. 당신이 주님께 나올 때에는 그분이 당신의 모든 것이 되신다는 사실을 겸손하게 인정하라. 주님께 당신이 아무것도 아니라는 사실을 고백하라.
　주위의 모든 것에 대해서는 눈을 감으라. 이제는 내적인 눈을 떠

---

[52] 예수 그리스도를 깊이 체험하기〈EXPERIENCING THE DEPTHS OF JESUS CHRIST〉, p. 30, pp.70-71, 73

서 당신의 영을 바라보라. 한 마디로 당신의 모든 생각을 당신 존재의 내적인 부분에 집중시키라.

하나님께서 당신 안에 계신다는 사실을 믿기만 하면 된다. 이러한 믿음, 바로 이러한 믿음만이 당신을 그분의 거룩하신 임재하심 앞으로 인도해 줄 것이다. 당신의 생각을 이곳저곳으로 떠돌아다니지 못하게 하고, 할 수 있는 한 통제하라.

당신이 주님의 임재에 들어왔다면, 이제는 그분 앞에서 잠잠하고 그리고 고요히 있으라… 많은 사람들이 그리스도인의 생활에서 진보하지 못하는 것은 고행이나 특별한 훈련에만 힘을 쏟고 하나님을 사랑하는 일은 소홀히 하기 때문입니다. 우리의 목표는 하나님을 사랑하는 것인데도 말입니다. 이러한 것은 그들의 행위로 분명히 드러납니다. 그리고 우리가 견실한 미덕을 보기 힘든 것도 바로 이 때문입니다.

하나님께 나아가는 데는 예술도 과학도 필요하지 않습니다. 오직 필요한 것은 하나님께로만 향하고, 하나님만 위하고, 하나님만 사랑하기로 굳게 결심한 마음뿐입니다.

내가 발견한 바로는, 하나님께 나가는 가장 좋은 방법은 사람들을 기쁘게 하려는 생각을 가지지 않고 일상적인 일을 하는 것이며, 내가 할 수 있는 한 순전히 하나님을 사랑함으로 행하는 것입니다.

하나님이 기억하실 만한 일을 하는 것은 예수님께 가장 최상의 사랑의 표현을 하는 것입니다. 예수님께서는 마리아가 한 일이 "전해져 사람들이 이 여인을 기념하게 될 것"이라고 말씀하셨습니다.

내가 진실로 너희에게 이르노니 온 천하에 어디서든지 이 복음이 전파되는 곳에는 이 여자의 행한 일도 말하여 저를 기념하리라 하시니라 (마 26:13).

주님을 진정 만나기 원한다면

마리아가 하나님과 친밀한 임재에 이른 것은 설교를 잘하거나 찬양을 잘해서가 아니라 자신의 자아와 영광을 버리고 예수님을 최상으로 사랑하며 섬기는 것이었습니다. 마리아는 자신에게 가장 소중하고 가장 귀한 옥합을 깨뜨려 주님을 위해 드리고 오직 상한 심령과 겸손한 마음으로 그분 발아래 엎드려 경배하였습니다.

우리가 주목할 것은 옥합을 깨뜨린 사람이 예수님이 아니고 마리아라는 것입니다. 우리의 심령이 깨어진 마음으로 주님께 나아갈 때 하나님의 귀와 시선이 우리에게 향하십니다. 그리고 우리를 찾아와 만져 주십니다. 우리도 마리아처럼 예수님께 최상의 사랑을 표현함으로써 주님의 마음을 녹여야 하겠습니다. 그래서 하나님께서 주시는 부드럽고 사랑스러운 임재를 체험하는 축복을 누려야 합니다.

주님과의 깊은 임재 체험을 위한 모든 것

제 마음의 간절한 소원은 예배드릴 때 하나님의 임재를 경험하며 예배드리는 것입니다. 우리가 주님을 예배할 때 하나님의 영광이 당신의 전에 가득히 임하는 것입니다. 예수님께서는 아버지께 참된 예배를 드릴 때 오신다고 하시며, 지금이 바로 그때라고 말씀하셨습니다. 아버지께서 자기에게 예배하는 사람들을 찾으시며 신령과 진정으로 예배하라고 명령하셨습니다.

아버지께 참으로 예배하는 자들은 신령과 진정으로 예배할 때가 오나니 곧 이 때라 아버지께서는 이렇게 자기에게 예배하는 자들을 찾으시느니라 하나님은 영이시니 예배하는 자가 신령과 진정으로 예배할 지니라 (요 4:23-24).

사도 바울은 하나님이 기뻐하시는 거룩하고 살아 있는 영적 예배를 드리라고 권면하였습니다.

그러므로 형제들아 내가 하나님의 모든 자비하심으로 너희를 권하노니 너희 몸을 하나님이 기뻐하시는 거룩한 산 제사로 드리라 이는 너희의 드릴 영적 예배니라 (롬 12:1).

사도 베드로는 살아 계신 예수님께 나아가 예수 그리스도로 말미암아 하나님이 기뻐 받으시는 신령한 예배를 드리는 거룩한 예배자가 되라고 명령하였습니다.

갓난아이들 같이 순전하고 신령한 젖을 사모하라. 이는 이로 말미암아 너희로 구원에 이르도록 자라게 하려 함이라. 너희가 주의 인자하심을 맛보았으면 그리하라. 사람에게는 버린 바가 되었으나 하나님께는 택하심을 입은 보배로운 산 돌이신 예수에게 나아와 너희도 산 돌 같이 신령한 집으로 세워지고 예수 그리스도로 말미암아 하나님이 기쁘게 받으실 신령한 제사를 드릴 거룩한 제사장이 될지니라(벧전 2:2-5).

신령과 진정으로 예배와 경배를 드릴 때 하나님이 기뻐 받으실 뿐만 아니라 하나님의 능력이 나타나며 성령님께서 우리에게 놀랍고 새로운 은총을 베풀어 주십니다.

A. W. 토저는 '예배가 무엇인가?'에 대하여 다음과 같이 말했습니

다.[53]

"예배란 무엇인가? 예배란 경외심과 소스라치게 놀라운 경이감과 당신을 압도하는 사랑으로 인한 겸비함과 기쁨의 심정을 당신의 마음속에서 느끼고, 그것을 지고의 미스터리이신 분, 철학자들이 제1원인이라고 부르지만, 우리는 하늘에 계신 아버지라고 부르는 주권자의 임재 앞에서 적절한 방식으로 표현하는 것이다… 예배는 하나님이 어떠한 분인지에 대해, 또 하나님의 섭리의 역사에 대해 사랑으로 찬양을 올려드리는 것이다. 그것은 하나님 앞에서 가장 깊은 겸손과 경의를 가지고 우리의 내면 가장 깊은 곳에 있는 영으로 절하는 것이다."

예배는 하나님의 임재와 다스림에 대한 자연스러운 반응이 있는 인격적인 삶입니다. 내가 내 자신 속으로 들어가는 것이 예배가 아니라 내가 하나님께로 들어가는 시간입니다. 우리는 하나님의 임재하심을 느끼면서 예배를 드려야 합니다.

교회가 세상과 다른 가장 중요한 것은 하나님의 임재하심입니다. 이것이 교회의 특징입니다. 만약 교회에서 예배를 드릴 때 하나님의 임재하심이 없다면 그것은 어떤 의미도 없습니다.

하나님께 진정한 예배를 드릴 때

솔로몬이 기도를 마치매 불이 하늘에서부터 내려와서 그 번제물과 제물들을 사르고 여호와의 영광이 그 전에 가득하니 여호와의 영광이 여호와의 전에 가득하므로 제사장이 그 전에 능히 들어가지 못하였고 이스라엘 모든 자손은 불이 내리는 것과 여호와의 영광이 전에 있는

---

53) 오스왈드 샌더스, 하나님과 친밀함 누리기, pp. 22. 28

것을 보고 박석 깐 땅에 엎드려 경배하며 여호와께 감사하여 가로되 선하시도다 그 인자하심이 영원하도다 하니라(대하 7:1-3).

솔로몬이 성전 봉헌을 마쳤을 때 하나님의 영광이 내려와 성전을 가득 채웠습니다. 하나님의 거룩하심이 인간 세계에 임하심으로 하나님의 거대한 영광 때문에 제사장들은 성전 안으로 들어가지도 못했습니다.

솔로몬의 성전을 그분의 임재로 채우셨던 주님께서는 오늘날도 그분의 백성을 그분의 임재로 채우시며 채워 주실 것입니다. 은혜의 보좌에 앉으시고 우리의 죄를 지고 가신 주님께서 우리에게 담대히 나오라고 부르십니다. 우리가 드리는 예배가 거룩하신 하나님의 임재 속에 있길 소원해야 합니다. 하나님을 더 깊이 알기 원하는 갈망과 진정으로 우리가 하나님을 예배할 때 하나님의 임재가 임합니다.

회중 한 사람 한 사람이 예배자가 될 때

예배자가 될 수 있는 기본적인 방법 몇 가지를 살펴보면 첫째는 자발적으로 예배드리기를 결심하고 예배 시 하나님의 임재를 갈망해야 합니다. 둘째는 예배자가 성령님의 샘솟는 우물같은 내적 경험이 있고 또한 성령 충만함을 받아야 합니다. 셋째는 혼자 기도하는 시간을 가지며 예배 전에 조용히 예배를 위해 기도해야 합니다. 넷째 다른 사람들과 함께 예배를 드려야 합니다. 이것은 옛 습관에 따라 예배를 드리는 데 한계를 두지 않고 새로운 변화와 신선한 예배를 수용하며 참된 예배를 추구하게 합니다.

온전한 찬양과 경배를 드릴 때

대제사장들과 서기관들이 예수의 하시는 이상한 일과 또 성전에서 소리 질러 호산나 다윗의 자손이여 하는 아이들을 보고 분하여 예수께 말하되 저희의 하는 말을 듣느뇨 예수께서 가라사대 그렇다 어린 아기와 젖먹이들의 입에서 나오는 찬미를 온전케 하셨나이다 함을 너희가 읽어 본 일이 없느냐 하시고(마 21:15-16).

하나님 아버지께서는 경배자를 찾으십니다. 찬양은 우리의 몸으로 표현됩니다. 그러나 경배는 영적인 기능을 하기 때문에 육신보다는 영을 풀어놓는 것이 필요합니다. 찬양과 경배는 모든 성도들의 삶에 중요한 것입니다. 예수님께서 성전을 정결케 하시고 소경과 저는 자들을 고쳐 주었습니다. 이 모습을 본 종교 지도자들은 예수님이 하시는 일과 아이들이 찬송하는 것을 보고 분노하였습니다. 이 때 예수님께서 "어린 아기와 젖먹이들의 입에서 나오는 찬미를 온전케 하셨나이다 함을 너희가 읽어 본 일이 없느냐"라고 하셨습니다. 예수님께서 말씀하신 아이들이 부른 '찬양이 온전하다'는 어떤 의미가 있을까요?

이 말씀에 대하여「경배」의 책을 쓴 그래함 켄드릭은 다음과 같이 설명하였습니다.[54]

첫째로, 거기에는 내용이 있었다. 그분은 메시야를 가리키는 이름인 '다윗의 자손'이라 불리셨다.

둘째는, 그들은 '소리를 질렀다'는 것이다. 아이들은 그분을 찬미하는데 적절한 태도를 취했다. 그것은 그들의 눈앞에 메시야가 계시며 또 신유의 기적이 일어나는 것에 대해 감탄하는 기쁨이 가득한 외침이었다.

셋째는, 그분을 소리 질러 찬양하고 있었던 무리가 바로 아이들이었다는 사실에 우리는 주목해야 한다. 평범한 아이들의 두 눈에 그들을 향한 특별한 사랑과 친절을 담고 있는, 초라한 옷을 입은 일꾼을 구세주로 알아보고 환영하는 외침이었던 것이다.

---

54) 경배, 김성웅 옮김, 두란노서원, 1989, pp.133-134

넷째로, 아이들은 성전에서 그분을 찬양하고 있었다. 우리는 그들이 있었던 곳에서 일어났던 일의 중요성을 인식해야 한다.

또한 찬양과 경배의 정의를 바로 알 때 성경적인 찬양과 경배를 드리게 됩니다.

찬양에 대한 사전적인 정의는 '칭찬하다, 갈채를 보내다, 존경 또는 인정을 표현하다, 말이나 노래로 높이다, 크게 보이다, 영광을 돌리다.' 입니다. 찬양은 자신이 직접 하나님께 나아감으로 드릴 수 있고 다른 사람에게 하나님에 관한 표현을 함으로 드려집니다.

랄프 네이버는 찬양의 정의를 다음과 같이 설명하였습니다.[55]

찬양의 정의는 찬양은 하나님께 우리의 사모하는 마음을 표현하고 사람들에게 하나님에 대해 알리는 것입니다. 하나님이 어떤 분이시며 그 분이 어떤 일을 하셨는가에 관심을 둡니다. 찬양은 감정을 수반하여 노래, 외침, 선포, 춤, 악기 연주, 기타 외적인 형식들을 동원해서 열정적으로 하나님을 칭송합니다. 또한 찬양은 영적 전투에서 중요한 무기입니다.

밥 소로기 목사님은 '경배란 무엇인가?'에 대해 다음과 같이 표현하였습니다.[56]

경배는 하나님과 인간 사이의 대화입니다.
경배는 하나님께 드리는 것입니다.
경배는 삼위일체 하나님의 자기 계시에 대한 긍정적인 반응입니다.

---

55) 셀리더의 인턴 지침서, 터치 코리아 사역팀 역, 도서출판 NCD, 2001, p.59
56) 찬양으로 가슴 벅찬 예배. 최혁 옮김, 두란노, 1997, pp.93-95

경배는 창조주와 인간 사이의 사랑의 교제를 통하여 얻게 되는 결과입니다.

경배는 하나님의 지고하심과 주권을 인정하며 사랑과 경애와 찬양을 하나님께 드리는 인간 마음의 표현입니다.

경배는 구속받은 사람, 즉 피조물에 의하여 창조주 하나님께로 향해진 하나의 행동을 말합니다.

경배는 마음으로 느끼는 것을 의미합니다.

참된 경배와 찬양은 하나님의 임재 안에서 놀라운 경이감과 압도적인 사랑을 말합니다.

경배는 우리의 영, 혼, 육 모두를 가지고 하나님을 높여 드리는 능력입니다.

참된 경배의 마음은 뜨거운 헌신으로 주 예수 그리스도께 우리 속사람을 거리낌 없이 쏟아 붓는 것입니다.

경배는 근본적으로 우리 안에 있는 하나님의 영이 신격에 있는 성령과 접촉하는 것입니다.

경배는 우리 안에 있는 하나님의 영이 성령에 반응하는 것입니다.

경배는 이성을 지닌 피조물이 창조주와 올바른 관계를 맺게 하는 이상적이고 정상적인 태도입니다.

경배는 값비싼 사랑이며 지극한 순종입니다.

경배는 자신의 영이 하나님의 영과 교제하는 것입니다. 참 경배는 단순히 당신의 마음을 하나님께 열고 하나님을 바라보며 주님과 교제를 즐기며 성령님의 임재를 모셔 들이는 것입니다.

하나님의 임재하심이 경배자들에게 느껴질 때 엄청난 하나님의 능력이 드러나게 됩니다. 하나님이 기뻐하시는 찬양과 경배가 있을 때, 성령의 은사와 말씀의 기름부음으로 하나님의 능력이 역사합니다.

랄프 네이버는 경배의 정의를 다음과 같이 설명하였습니다.[57]

경배란 하나님이 소중한 존재이시라는 것을 인정하는 것입니다.
경배는 하나님께 우리의 전 존재를 드리는 것이며 하나님과 인간과의 대화입니다.
경배는 하나님의 사랑에 대한 응답으로서 창조주이신 그분의 사랑에 응답하는 인간과의 사랑의 교제의 결과입니다.
경배는 하나님의 절대 주권을 인정하는 마음으로 하나님께 사랑과 찬양과 높임을 표현하는 것입니다.
경배는 우리의 전 존재인 몸과 마음과 영혼을 다하여 하나님을 찬미하는 것입니다.
경배의 중심은 사랑에 대해 헌신하는 마음으로 예수님께 대한 우리의 내면을 부끄러워하지 않고 쏟아내는 데에 있습니다.
경배는 하나님과의 넘치는 사랑의 연합이며 친밀함 속에서 이루어지며 연합과 교제가 포함 됩니다.
경배는 하나님의 주권을 인정하는 마음으로 하나님께 사랑과 높임과 찬양을 표현하는 것입니다.

성경에 나타난 다양한 찬양과 경배의 모습
우리의 입으로 노래함과 웃음
내가 여호와의 인자하심을 영원히 노래하며 주의 성실하심을 내 입으로 대대에 알게 하리이다 (시 89:1)
그에게 노래하며 그를 찬양하며 그의 모든 기사를 말할지어다
(시 105:2)
그 때에 우리 입에는 웃음이 가득하고 우리 혀에는 찬양이 찼었도다

---
57) 셀리더의 인턴 지침서, 터치 코리아 사역팀 역, 도서출판 NCD, 2001, p.60

열방 중에서 말하기를 여호와께서 저희를 위하여 대사를 행하셨다 하였도다 (시 126:2).

머리를 숙이거나 무릎을 꿇음
에스라가 광대하신 하나님 여호와를 송축하매 모든 백성이 손을 들고 아멘 아멘 응답하고 몸을 굽혀 얼굴을 땅에 대고 여호와께 경배하였느니라 (느 8:6)/
히스기야 왕이 귀인들로 더불어 레위 사람을 명하여 다윗과 선견자 아삽의 시로 여호와를 찬송하게 하매 저희가 즐거움으로 찬송하고 몸을 굽혀 경배하니라 (대하 29:30).
오라 우리가 굽혀 경배하며 우리를 지으신 여호와 앞에 무릎을 꿇자 (시 95:6).

손뼉 치고 목소리를 높여 찬양
너희 만민들아 손바닥을 치고 즐거운 소리로 하나님께 외칠지어다 (시 47:1).
오라 우리가 여호와께 노래하며 우리 구원의 반석을 향하여 즐거이 부르자 (시 95:1).
온 땅이여 여호와께 즐거이 소리할지어다 소리를 발하여 즐거이 노래하며 찬송할지어다 수금으로 여호와를 찬양하라 수금과 음성으로 찬양할지어다 나팔과 호각으로 왕 여호와 앞에 즐거이 소리할지어다 (시 98:4-6)

손을 들거나 춤을 추면서 찬양
마음과 손을 아울러 하늘에 계신 하나님께 들자 (애 3:41).
성소를 향하여 너희 손을 들고 여호와를 송축하라 (시 134:2).

아론의 누이 선지자 미리암이 손에 소고를 잡으매 모든 여인도 그를
따라 나오며 소고를 잡고 춤추니 (출 15:20).
여호와 앞에서 힘을 다하여 춤을 추는데 때에 베 에봇을 입었더라
(삼하 6:14).
춤추며 그의 이름을 찬양하며 소고와 수금으로 그를 찬양할지어다
(시 149:3).

머리를 들거나 엎드려서 하나님을 경배
문들아 너희 머리를 들지어다 영원한 문들아 들릴지어다 영광의 왕이
들어가시리로다 (시 24:7).
모든 백성이 보고 엎드려 말하되 여호와 그는 하나님이시로다 여호와
그는 하나님이시로다 하니 (왕상 18:39).
하나님 앞에 자기 보좌에 앉은 이십사 장로들이 엎드려 얼굴을 대고
하나님께 경배하여 가로되 감사하옵나니 옛적에도 계셨고 시방도 계
신 주 하나님 곧 전능하신 이여 친히 큰 권능을 잡으시고 왕 노릇 하
시도다 (계 11:16-17).

성경에 나타난 찬양의 특별한 점은 외부로 표현되었다는 것입니다.
찬양의 가장 기본적인 의미는 하나님을 최고로 높이는 것입니다.
우리는 왜 찬양해야 되는지의 목적을 바로 알고 찬양해야 합니다.
밥 소로기 목사님은 '왜 찬양해야 하나?' 라는 질문에 대하여 다음과
같이 대답하였습니다(찬양으로 가슴 벅찬 예배, 최혁 옮김, 2000,
pp.26-28).

먼저, 우리는 말씀을 통해 명령 받았기 때문에 하나님을 찬양해야
합니다 (시 150:1).

둘째, 하나님께서는 우리의 찬양 가운데 거하시기 때문입니다
(시 22:3).
셋째로, 찬양 속에는 힘이 있습니다.
넷째로 하나님을 찬양하는 것이 좋은 일이기 때문입니다.
다섯째, 단순히 하나님께서 우리의 찬양을 받으시기에 합당하기 때문입니다 (시 48:1).
여섯째로 우리는 하나님을 찬양하도록 창조되었습니다
(렘 13:11, 벧전 2:9, 사 43:21).

예수님을 메시아로 믿지 못하던 종교 지도자들은 하나님이신 예수님을 찬양하지 않았습니다. 그러나 우리가 기억하고 믿을 것은 예수님은 찬양 받으시기에 합당하신 분이라는 것입니다. 요한계시록 5장 11-14절에서 장로들이 어린양이신 예수님께 찬양과 경배를 드렸습니다.

> 내가 또 보고 들으매 보좌와 생물들과 장로들을 둘러선 많은 천사의 음성이 있으니 그 수가 만만이요 천천이라. 큰 음성으로 가로되 죽임을 당하신 어린 양이 능력과 부와 지혜와 힘과 존귀와 영광과 찬송을 받으시기에 합당하도다 하더라. 내가 또 들으니 하늘 위에와 땅 위에와 땅 아래와 바다 위에와 또 그 가운데 모든 만물이 가로되 보좌에 앉으신 이와 어린 양에게 찬송과 존귀와 영광과 능력을 세세토록 돌릴지어다 하니 네 생물이 가로되 아멘 하고 장로들은 엎드려 경배하더라(계 5:11-14).

기름부음 받은 찬양 인도자와 찬양팀이 찬양 할 때

역대하 5장 12-14절에 보면 노래하는 자들과 연주하는 자들이 하나님을 찬양할 때 솔로몬의 성전에 하나님의 영광의 구름이 가득하였습니

다. 그때 제사장들이 하나님의 임재를 경험하였습니다.

> 노래하는 레위 사람 아삽과 헤만과 여두둔과 그 아들들과 형제들이 다 세마포를 입고 단 동편에 서서 제금과 비파와 수금을 잡고 또 나팔 부는 제사장 일백이십 인이 함께 서 있다가 나팔 부는 자와 노래하는 자가 일제히 소리를 발하여 여호와를 찬송하며 감사하는데 나팔 불고 제금 치고 모든 악기를 울리며 소리를 높여 여호와를 찬송하여 가로되 선하시도다 그 자비하심이 영원히 있도다 하매 그 때에 여호와의 전에 구름이 가득한지라 제사장이 그 구름으로 인하여 능히 서서 섬기지 못하였으니 이는 여호와의 영광이 하나님의 전에 가득함이었더라.

솔로몬 왕이 하나님을 위하여 성전 건축을 마치고 성전을 봉헌합니다. 이때 제사장들은 스스로를 정결케 하고 찬양팀은 하나님을 찬양하였을 때 하나님이 그 성전을 방문하셨습니다. 제사장들이 정결케 한 후 찬양팀이 하나님을 찬양하였을 때 하나님의 영광이 임하신 것입니다. 하나님을 찬양하고 감사하는 것이 얼마나 중요한지 모릅니다.

> 이제 내게로 거문고 탈 자를 불러 오소서 하니라 거문고 타는 자가 거문고를 탈 때에 여호와께서 엘리사를 감동하시니(왕하 3:15).

기름부음을 받은 자가 악기를 연주할 때 하나님의 임재가 임하기도 합니다. 저는 기름부음이 있는 연주자가 악기를 연주할 때 하나님의 임재 속에 들어가는 경험을 자주 합니다. 또한 성경은 찬양으로 하나님의 임재에 들어가는 것을 말하고 있습니다.

> 우리가 감사함으로 그 앞에 나아가며 시로 그를 향하여 즐거이 부르

자 (시 95:2).

기쁨으로 여호와를 섬기며 노래하면서 그 앞에 나아갈 지어다 여호와가 우리 하나님이신 줄 너희는 알지어다 그는 우리를 지으신 자시요 우리는 그의 것이니 그의 백성이요 그의 기르시는 양이로다 감사함으로 그 문에 들어가며 찬송함으로 그 궁정에 들어가서 그에게 감사하며 그 이름을 송축할지어다 (시 100:2-4).

내가 전에 성일을 지키는 무리와 동행하여 기쁨과 찬송의 소리를 발하며 저희를 하나님의 집으로 인도하였더니 이제 이 일을 기억하고 내 마음이 상하는도다 (시 42:4).

왕의 딸이 궁중에서 모든 영화를 누리니 그 옷은 금으로 수 놓았도다 수놓은 옷을 입은 저가 왕께로 인도함을 받으며 시종하는 동무 처녀들도 왕께로 이끌려 갈 것이라 저희가 기쁨과 즐거움으로 인도함을 받고 왕궁에 들어가리로다 (시 45:13-15).

하나님이여 저희가 주의 행차하심을 보았으니 곧 나의 하나님, 나의 왕이 성소에 행차하시는 것이라 소고 치는 동녀 중에 가객은 앞서고 악사는 뒤따르나이다 이스라엘의 근원에서 나온 너희여 대회 중에서 하나님 곧 주를 송축할지어다 (시 68:24-26).

여호와의 속량함을 얻은 자들이 돌아오되 노래하며 시온에 이르러 그 머리 위에 영영한 희락을 띠고 기쁨과 즐거움을 얻으리니 슬픔과 탄식이 달아나리로다 (사 35:10).

여호와의 이름에 합당한 영광을 그에게 돌릴지어다 예물을 가지고 그 궁정에 들어갈지어다 (시 96:8).

오직 나는 주의 풍성한 인자를 힘입어 주의 집에 들어가 주를 경외함으로 성전을 향하여 경배하리이다 (시 5:7).

우리가 그의 성막에 들어가서 그 발등상 앞에서 경배하리로다 (시 132:7).

성령의 기름 부으심을 체험한 경배자가 찬양을 인도할 때

예배에서 가장 중요한 역할을 하는 사람은 목회자와 찬양인도자 그리고 찬양대와 회중입니다. 예배 중 찬양을 드릴 때 하나님의 임재가 있는데 그 임재를 경험하는데 가장 중요한 역할을 하는 사람은 찬양 인도자입니다.

밥 소로기 목사님은 경배 인도자가 갖추어야 할 자격을 9가지로 알려 주었습니다.[58]

무엇보다도 먼저, 인도자는 경배자여야 합니다.

두 번째 조건은 첫 번째와 비슷한 것으로 인도자의 깊고 인증된 영적 생활입니다.

인도자는 본 교회의 찬양과 경배의 분위기에 익숙해 있어야 합니다. 각 교회마다 독특한 분위기와 취향이 있습니다. 새로 그 교회에 왔다면 회중 예배를 인도하기 전에 먼저 그 교회 예배 스타일과 노래들을 시간을 두고 익혀야 합니다.

인도자는 음악적 자질이 있어야 합니다. 각 교회는 스스로 기대하는 음악적 수준을 결정해야 하고, 인도자는 그 조건에 맞아야 합니다. 노래를 잘 못하는 사람을 예배 인도자로 세우는 것은 좋은 방법이 아닙니다. 그런 사람은 다른 분야에서 봉사하는 것이 훨씬 더 효과적입니다.

인도자가 좋은 평을 들어야 함은 두말할 필요도 없습니다.

인도자는 한 팀의 지체로서 그 역할을 감당해야 합니다. 어떤 사람들은 몹시 개인적이어서 다른 사람들과 함께하는 일을 못합니다. 그러나 경배 인도자라면 목사님과 경배팀의 동역자들과 유연한 관계를 갖고 있어야 합니다.

---

58) 찬양으로 벅찬 예배, pp.199-201

인도자는 그 교회 목사, 교회의 신조들에 대하여 올바른 자세를 갖고 있어야 합니다.

만약 인도자가 목사에 대해 속으로 원망을 품고 있다거나 또는 주요한 교회 신조에 관해 다른 생각을 갖고 있다면 그는 그 교회에서 오래 사역하지 못할 것입니다.

경배 인도자로서 직분에 헌신되어야 합니다. 경배 인도자는 본교회의 예배 인도에 충실할 수 있어야 합니다. 큰 질병이나 긴급한 상황이 아니라면 인도자는 모든 예배에 참석해야 합니다.

마지막으로 열성적이고, 친밀하며, 따뜻한 인품이 경배 인도자에게 있으면 좋습니다. 만약 인도하는 데 열정이 없다면 회중의 반응도 그와 같을 것입니다…

이 목록은 경배 인도자 후보자들을 낙심시키기 위해서 작성된 것이 아닙니다. 그러나 우리는 경배 인도자들을 임명하는데 신중해야 합니다. 대부분 교회가 적어도 위의 아홉 가지를 갖추고 있는 경배 인도자를 원할 것입니다. 그러므로 경배 인도자가 되기 원하는 사람들은 이러한 자격을 갖추기 위해 적극적으로 노력해야 합니다.

찬양 인도자는 자신이 신실한 경배자가 되어야 합니다. 그리고 사람들이 경배할 수 있도록 최선의 분위기를 조성하고 하나님께 집중하게 하는 것입니다.

찬양 인도자는 성령님을 체험하고 성령의 기름 부으심을 받아야 합니다. 찬양 인도자와 팀들은 다윗처럼 성령의 기름부음을 받는 것이 가장 중요합니다. 다윗이 기름부음을 받았을 때 하나님의 신이 임하였습니다. 그 성령의 기름 부으심을 받고 연주할 때 사울에게 있는 악을 쫓아내기도 하였습니다. 예배를 드릴 때 성령의 기름부음이 있는 찬양 인도자가 하나님을 사랑하고 존귀하게 찬양하고 경배할 때 하나님의 임재를 경험합니다.

성령의 기름 부으심을 받은 찬양 인도자와 찬양팀들이 부른 찬양을 자주 들으며 하나님의 임재를 체험합니다. 저의 개인적인 경험으로 찬양 사역자가 하나님의 임재를 체험한 사람으로 하나님을 사랑하고 찬양할 때 하나님의 임재를 느낄 때가 많습니다.

하나님의 임재를 체험한 대표적인 찬양 사역자들은 앤디 박(Andy Park), 스캇 브레너(Scott Brenner), 테리 맥컬몬(Teerry Macalmon), 마이클 더블 스미스(Machael W. Smith) 등 입니다.

하나님의 임재가 강한 스캇 브레너, 테리 맥컬몬, 빈야드 송, 호주 시드니 달린책의 CD에는 주님의 임재를 간구하는 찬양들이 많습니다. 제 개인적으로는 스캇 브레너의 House of Pray CD와 테리 맥컬몬이 노래한 CD(Came to Worship, The Sound of Heaven, Visit Us, You're My Glory)를 듣거나 찬양할 때 하나님의 임재를 더 깊이 체험합니다. 이와 함께 질 어스틴(Jill Austin) 목사, 애나 멘데즈 페랄(Ana Mendez Ferrll)사역자, 하이디 베이커(Heidi Baker)선교사의 천국 방문(Visitation)을 찬양과 함께 이야기 한 CD에서도 하나님의 임재를 강하게 체험할 수 있습니다.

요즘은 하나님의 임재를 경험할 수 있는 CD가 많이 나오고 있습니다. 가장 많이 있는 곳은 미국 캔사스 시티의 24시간 기도의 집에서 부르는 찬양입니다.

성령님의 기름 부음을 받은 찬양 인도자와 찬양팀이 악기와 목소리로 함께 찬양을 부를 때 하나님은 임하십니다. 우리는 이제 높은 찬양으로 나아가 우리 자신을 주님께로 인도해야 합니다. 높은 찬양으로 노래할 때 하늘로 올라가고 장벽들을 무너뜨리고 승리합니다(사 66:6).

하나님의 임재가 임할 수 있는 찬양과 기름부음이 있는 새노래를 불러야 합니다. 저에게 하나님의 임재가 강하게 임하는 개인적인 새노래를 몇 개 소개합니다.

테리 맥컬몬(Teerry Macalmon)이 부른 노래
주 예수여 오시옵소서
EVEN SO COME LORD JESUS COME
주 예수여 날 취하소서
EVEN SO TAKE YOUR BRIDE AWAY
내 영혼 주만 사모합니다
HOW MY SOUL LONGS TO BE WITH YOU MY LORD
주 예수여 예수여 오시옵소서
 EVEN SO, EVEN SO, COME LORD JESUS COME

거룩하신 주 성령님
SPIRT OF LORD- FALL ON ME
나에게 임하소서
AND FILL ME WITH YOUR GLORY-
주 영광으로 채우사
SPIRIT OF LORD- SET ME FREE
날 자유케 하소서
AND FILL ME WIITH YOUR GLORY-

주 보기 원해요 주 보기 원해요
I WANT TO SEE YOU, I WANT TO KNOW YOUR WAYS
주의 빛 비추소서
LET YOUR LIGHT SHINE UPON US

전능하신 주님 날 채워주소서
I WANT KNOW YOUR POW'R COME FILL ME ONCE AGAIN
은혜로 인도하소서
LIFT ME UP IN YOUR HANDS OF GRACE
내게 새 노래 주신 주 찬양해
AND PUT A NEW SONG IN MY MOUTH OF PRIAISE TO YOU

주의 이름 앞에 경배해
AND THE WORLD IS THE LORD
주의 이름 앞에 경배해
AND THE WORLD IS THE LORD
존귀 존귀 하신 주
WORTHY, WORTHY IS THE LORD
존귀 존귀 하신 주
WORTHY, WORTHY IS THE LORD
존귀 존귀 하신 주 예수
WORTHY, WORTHY IS THE LORD MOST HIGH

스캇 브레너(Scott Brenner)가 부른 노래
예수님 알기 원합니다 진실하고 깊은 사랑
왕의 궁정으로 나를 이끄소서 나의 사랑
주 입맞춤 알게 하소서 주의 사랑의 품을
주의 향기 맡게 하소서 주 보게 하소서
나를 취하소서 주여 오소서
사랑합니다. 내 생명 보다 더
사랑합니다. 내 생명 보다 더

나의 몸과 맘을 다하여 주님을 갈망합니다.
주를 향한 나의 사랑을 진실케 하소서

빈야드 송(Hungry CD중에서)
거룩한 주 임재-거룩한 주 임재-
내 호흡 안에 거하소서-
거룩한 주 말씀-거룩한 주 말씀-
주 생명으로 이끄소서
나는- 주 의지해요
나는- 주 사랑해요

찬양과 경배 인도자는 깊은 기도 생활을 통해 각 예배 때마다 하나님의 방법을 잘 분별할 수 있도록 영적 민감성을 개발해야 합니다.

찬양 인도자는 찬양과 경배를 인도하는 실제적인 방법을 잘 적용하여야 합니다.
랄프 네이버는 경배를 인도하는 방법, 경배와 선곡 등에 대해 다음과 같이 소개하였습니다.[59]

경배하는 사람이 되십시오. 경배하는 사람은 그리스도의 향기를 풍기는 사람입니다.
경배 인도자는 하나님께 초점이 맞춰지도록 계획하고 준비한 찬양과 경배의 흐름이 어떻게 될지 마음으로 그려보아야 합니다.
경배 인도자는 기도하면서 경배의 중심의 내용이나 주제를 하나님께 묻습니다.

---

59) 랄프 네이버, pp.64-66. 편집함

경배를 기도하고 계획하고 연습으로 준비해야 합니다.
즉흥적인 선곡을 피하고, 미리 준비하고 선곡한 노래들을 모두 연습합니다.
각각의 노래들을 어떻게 연결할지 연구합니다. 각각의 노래들을 어떻게 자연스럽게 연결할 것인가를 연구할 뿐만 아니라 제대로 연습해야 합니다.
처음에는 찬양을 주제로 한 노래를 시작하고 다음에는 경배를 주제로 한 좀 더 느린 노래를 하도록 합니다.
경배하는 시간 동안 항상 하나님의 임재하심을 기대하고 성령님께 민감한 태도로 인도합니다.
경배의 분위기를 계속 유지하려면 적절한 템포로 인도하여야 합니다.
특별히 주의 할 점은 노래에 대한 정확한 소개나 노래와 노래 사이에 이런 저런 불필요한 설명이나 멘트는 피해야 합니다. 그리고 조가 틀린 노래를 연이어 부르지 않도록 해야 합니다. 그리고 찬양 인도자나 찬양하는 사람은 찬양과 경배하는 시간으로 끝난 것으로 오해해서는 안됩니다. 오히려 찬양 시간과 예배 시간 이후에도 계속 경배자로의 삶을 살아가야 합니다.

호레시어스 보나르(Horatius Bonar)는 이렇게 노래하였습니다.[60]

입술로만의 찬양이 아니라
마음으로만 찬양이 아니라
삶의 모든 부분으로 찬양할 수 있기를 구하나이다.
평범한 생활 속에서

---

60) 밥 소르기, P.65

나가든지 들어가든지 찬양하며
모든 맡은 일과 행하는 일들이
아무리 작든지 크든지 찬양합니다.

예배를 위한 찬양을 미리 준비해야 합니다.
밥소로기 목사님은 찬양 목록 준비에 대하여 다음과 같이 가르쳐 주었습니다(찬양으로 가슴 벅찬 예배, pp.286-287).

예배를 위한 찬양 목록을 준비하기 전에 전체 인도자들은 먼저 자기 교회에서 알고 있는 모든 노래의 전체 목록을 만들 것을 권합니다. 이 전체 목록은 경배를 계획하는 데 많은 도움을 줍니다.

전체 목록이 만들어진 후에 인도자는 각 예배때 사용될 노래 목록을 만들어야 합니다. 찬송가, 빠른 노래, 느린 노래, 이 노래들은 예배 때마다 다양한 순서로 나타납니다.

먼저 잘 아는 찬송가의 목록을 살펴보면서 떠오르는 한두 찬송을 뽑아 놓습니다. 그리고 전체 목록을 넘겨서 내 주의를 끄는 복음 성가들의 제목과 키를 적어 놓습니다. 이것으로 적당하다고 느껴지는 찬송과 복음 성가의 뼈대가 갖추어졌습니다. 이제 이 뼈대에 살을 붙이는 작업을 계속합니다.

물론 예외가 있기는 하지만 대부분의 인도자들은 빠른 복음 송가나 찬송가로 예배를 시작합니다. 한 가지 기억해야 할 사실은 복음송가-찬송가-복음송가-찬송가의 방식은 피하라는 것입니다. 그 대신 복음 성가들에서 찬송가로 또는 찬송가에서 복음 송가로 또는 때때로 찬송가-복음 송가-찬송가의 순으로 배치하는 것이 좋습니다.

경배를 계획할 때 인도자는 가르쳐야 할 새로운 노래 또는 최근에 교회에 소개된 노래들에 대하여 특별히 고려해야 합니다. 새로운 노래는 반복해서 배워야 합니다… 새 노래를 가르치는 일은 최근에 배운 노래를 강조하는 일과 함께 전략적으로 계획되어야 합니다.

**찬양 인도자는 새 노래를 찾고,
새 노래로 찬양하는 것을 열심히 해야 합니다.**

성경에는 "새 노래로 주를 찬양하라"는 말씀이 여러 곳에 나옵니다(시 33:3, 40:3, 98:1, 144:9, 149:).

밥 소로기 목사님은 새 노래로 찬양하는 것을 다음과 같이 강조하고 설명하였습니다.[61]

하나님께서는 새 노래로 찬양하는 데 있어서 어떤 제한도 두지 않으셨습니다. 그러므로 우리는 경배의 표현과 개혁적인 시도에 자유로울 수 있습니다.

단순히 거룩함을 위해서 새로운 찬양을 권하는 것은 아닙니다. 새 노래는 우리가 타성에서 벗어나도록 해주기 때문에 유익합니다. 새로운 단어들과 새 곡조를 접하게 되면 신선함과 열정이 생겨납니다. 새 노래들은 낡은 화로에 불을 지피고 우리의 경배를 부흥시킵니다.

새로운 노래들은 경배의 영역을 확장시키기도 합니다. 새 노래는 경배의 표현을 다양하게 해줍니다. 색다른 주제로 예배를 드릴 때 새 노래를 배우면 좋습니다. 새 노래의 주제는 우리가 이미 알고 있는 노래와 똑같은 가사일 수도 있습니다. 그러나 멜로디가 다르기 때문에 우리 마음에 새롭게 역사하는 것을 보게 됩니다.…새로운 노

---

61) 찬양으로 가슴 벅찬 예배, pp.296-297

래들은 경배에서 넓은 영역의 주제들을 표현하도록 도와줍니다.
 …찬양 인도자들은 계속해서 그들의 찬양 목록에 첨가될 새 노래를 찾아야 합니다. 많은 교회, 기관들이 새로운 소재를 담은 찬양 CD와 테이프를 만들고 있습니다.

찬양, 경배 인도자가 주의 할 것
 어떤 경배 인도자들은 회중을 자기의 감정으로 인도하려고 합니다. 그리고 어떤 경배 인도자는 회중을 감정적으로 높은 단계로 끌어올리기 위해 사람들에게 감정적인 압력을 가합니다. 오히려 회중을 어떤 단계로 이끌려고 애쓰지 않으면서 찬양과 경배를 드리는 동안 평안한 상태에서 모든 사람을 찬양과 경배의 '절정'의 순간을 경험하도록 해야 합니다.
 우리가 찬양과 경배의 삶을 살며 하나님의 임재 안에 거하는 것은 사람들에게 가장 중요한 부분입니다. 찬양과 경배에 대한 순수하고 바른 참여는 하나님의 임재로 들어가는 매우 중요한 열쇠입니다. 하나님의 임재 안에서 기쁨과 안위와 승리를 맛볼 수 있습니다. 우리는 온 마음과 정성으로 하나님만을 찬양으로 경배하고, 높이는 예배를 드릴 때 그 장소에는 하나님의 임재가 가득히 임합니다.
 하나님의 임재를 체험하는 좋은 방법 가운데 하나는 하나님을 찬양하고 경배하고 끊임없이 사랑을 고백하는 것입니다.
 캘빈 밀러(Calvin Miller)는 예배 중에 하나님의 임재가 임한 것을 다음과 같이 설명하였습니다.[62]

 사람들이 주님을 알고자 교회에 와서 하나님을 찬양할 때 하나님은

---

62) 깊은 은혜 속으로, 김창대 옮김, 작은 행복, 2002, p. 83
63) 소프로니, 아토스의 성자 실루안, pp.111-112

그 예배 중에 임재하시고 교회는 그 분의 임재 속에서 생기 있게 움직인다. 하나님의 임재의 영광이 빨리 끝났으면 하고 바라는 사람은 아무도 없다.

실루안 수도사는 다음과 같이 말하였습니다.[63]

주님은 거룩한 성전에서 영광을 받습니다. 성도가 심령을 다해 하나님을 찬미하면 마음은 성전이 되고, 성도의 정신은 제단이 됩니다. 왜냐하면 주님은 마음과 정신 속에 거하시기 때문입니다…모든 세상의 심령들이 진실한 마음으로 끊임없이 기도하면 그들의 마음은 하나님의 성전으로 변화될 것입니다.

밥 소로기 목사님은 "이스라엘의 찬송 중에 거하시는 주여 주는 거룩하시니이다"(시 22:3) 라는 말씀을 다음과 같이 설명해 주었습니다.[64]

이 말씀에 기초하여 어떤 사람들은 찬송이 우리를 하나님의 임재에 접근할 수 있게 해준다고 생각했습니다. 그것은 이런 식으로 말하는 것입니다. "우리는 하나님의 임재를 어떻게 만들어 내는지 알고 있습니다." 어떤 성도들은 우리가 찬양하기만 하면 우리 교회에서 하나님의 임재를 체험할 수 있다고 가르칩니다. "하나님의 임재하심이 느껴지지 않을 때 우리가 찬양을 드리기만 하면 하나님이 내려오셔서 우리의 예배에 동참하실 것입니다. 그래도 우리가 하나님의 임재하심을 느끼지 못한다면 좀 더 강하고 크게 그리고 좀 더 신실하게 찬양할 필요가 있습니다."(거의 바알 제사장 수준입니다. 그들은 자기들의 신을 깨우기 위하여 몸에 상처까지 냈습니다!) 그들은 이 구

---

64) 밥 소로기, pp.55-56

절을 하나님께서 내려오셔서 찬양하는 사람들과 거처를 함께하신다는 말씀으로 받아들였습니다.

나는 이 구절을 달리 해석해야 한다고 말하고 싶습니다. 하나님께서 우리의 찬양 중에 거하시는 것은 사실입니다. 하나님은 우리의 찬양 속에 거처를 만드십니다. 하나님은 우리의 찬양에 둘러싸이기를 원하십니다. 하나님은 우리 찬양을 매우 즐거워하시며 그것을 음미하십니다. 히브리 원어를 보다 정확하게 옮겨 놓은 NASD 번역본을 보면 하나님은 우리의 찬양 위에 '좌정'해 계십니다. 우리가 찬양할 때 하나님은 왕이 되십니다. 왜냐하면 우리가 세상 가운데 하나님의 왕권과 주권을 선포하고 있기 때문입니다. 우리가 "하나님은 만왕의 왕이요 만주의 주시라"고 찬양할 때 우리는 불신자들에게(성도들에게도 마찬가지로) 하나님의 주권을 증거하는 것이며 또 이렇게 해서 하나님을 우리의 찬양 속에 '좌정'하시게 하는 것입니다.

KJV 번역은 이 구절을 조건으로 본 것 같습니다. "만약 우리가 찬양하면 우리는 하나님의 임재를 확인할 수 있을 것입니다." 그러나 우리가 하나님의 임재하심을 억지로 유도할 수는 없습니다. 그렇게 할 수 있다고 생각한다면 그것은 불신자의 생각 입니다. 찬양은 하나님의 호의를 사기 위해 아첨하는 것이 아닙니다. 하나님은 절대 우리 찬양에 의해 조정되지 않습니다.

우리는 예배가 목사나 찬양 인도자에게만 책임이 있는 생각을 버리고 회중 한 사람 한 사람 모두에게 책임이 있다는 사실을 알아야 합니다. 모든 그리스도인이 제사장 직분을 가지고 있습니다. 그러므로 각 사람이 경배자로서 하나님을 섬기고 경배를 위해 자신을 준비시키고 미리 기도하고 함께 마음으로 우러나오는 찬양과 경배로 전심으로 예배를 드려야 합니다.

우리는 예배를 드릴 때 하나님의 임재를 체험해야 합니다. 오늘날 교회가 직면하는 문제가 있습니다. 교회의 형식은 있는데 하나님의 임재가 없는 것입니다. 즉 머리로는 하나님을 알지만 영광중에 계신 하나님을 알고 체험하는 분이 적다는 것입니다. 그러므로 우리는 하나님의 기뻐하시는 예배를 회복해야 합니다. 그리고 반드시 예배 중에 하나님의 임재를 경험하여야 합니다.

예수님 안에 거할 때

내가 참 포도나무요 내 아버지는 그 농부라 무릇 내게 있어 과실을 맺지 아니하는 가지는 아버지께서 이를 제해 버리시고 무릇 과실을 맺는 가지는 더 과실을 맺게 하려 하여 이를 깨끗케 하시느니라 너희는 내가 일러 준 말로 이미 깨끗하였으니 내 안에 거하라 나도 너희 안에 거하리라 가지가 포도나무에 붙어 있지 아니하면 절로 과실을 맺을 수 없음같이 너희도 내 안에 있지 아니하면 그러하리라 나는 포도나무요 너희는 가지니 저가 내 안에, 내가 저 안에 있으면 이 사람은 과실을 많이 맺나니 나를 떠나서는 너희가 아무것도 할 수 없음이라 사람이 내 안에 거하지 아니하면 가지처럼 밖에 버리워 말라지나니 사람들이 이것을 모아다가 불에 던져 사르느니라 너희가 내 안에 거하고 내 말이 너희 안에 거하면 무엇이든지 원하는 대로 구하라 그리하면 이루리라 너희가 과실을 많이 맺으면 내 아버지께서 영광을 받으실 것이요 너희가 내 제자가 되리라 아버지께서 나를 사랑하신 것같이 나도 너희를 사랑하였으니 나의 사랑 안에 거하라 내가 아버지의 계명을 지켜 그의 사랑 안에 거하는 것같이 너희도 내 계명을 지키면 내 사랑 안에 거하리라 내가 이것을 너희에게 이름은 내 기쁨이 너희 안에 있어 너희 기쁨을 충만하게 하려 함이니라 (요 15:1-11).

"내가 참 포도나무요 내 아버지는"에서 볼 수 있듯이 우리는 참 포도나무에 붙어 있는 가지가 되어야 합니다. 이 포도나무의 비유를 통해서, 하나님의 자녀들이 구주와 아주 밀접한 관계에 있음이 잘 묘사되어 있습니다. 제자들은 그리스도 안에 머물러 있을 때에만 영적으로 살아있으며, 살아 계신 그리스도를 통해서 생명과 힘을 얻게 됩니다.

예수님은 가장 좋은 포도나무로서 하나님께 전적으로 순종하였습니다.

포도나무에는 참 포도나무와 들 포도나무가 있습니다. 포도는 가장 탐스러운 땅의 열매 가운데 하나입니다. 히브리인들은 포도나무를 많이 재배하였습니다. 성경에서 포도나무를 비유적으로 사용하신 것은 영적인 의미가 있습니다.

이사야 5장 2절 "땅을 파서 돌을 제하고 극상품 포도나무를 심었었도다 그 중에 망대를 세웠고 그 안에 술틀을 팠었도다 좋은 포도 맺기를 바랐더니 들포도를 맺혔도다"

여기서 포도원 주인이 가장 좋은 포도나무를 심고 정성을 다하여 좋은 포도 맺기를 바랐으나 결과는 의외로 들포도가 맺혔다고 하였습니다. 여기서 언급된 주인은 하나님이십니다. 그리고 포도나무는 이스라엘을 비유하신 것입니다. 이것은 상징적으로 이스라엘이 하나님께 불순종한 것과 하나님께서는 그들의 행위에 대해 실망하셨음을 묘사해 주고 있습니다. 이스라엘에 대한 하나님의 정성과 배려는 결국 실망으로 끝나 버렸습니다. 그래서 하나님께서는 이스라엘의 불순종함에 대하여 형벌을 내리실 것이라고 예언하고 있습니다.

예수님은 참 포도나무로서 하나님 아버지가 보시기에 가장 좋은 참 포도나무이십니다. 오늘의 그리스도인들은 이 포도나무의 가지입니다. 예수 그리스도는 포도나무의 뿌리이십니다. 뿌리는 나무를 지탱해 주고 양분을 공급해주며 나무를 풍성하게 열매 맺게 만듭니다. 이와 같이 예수 그리스도 안에서는 모든 것이 공급되며 지탱됩니다.

하나님 아버지는 농부이십니다. 하나님은 포도나무와 그 모든 가지의 주인이실 뿐만 아니라 돌보기까지 하십니다. 포도밭을 이렇게 지혜롭고 철저히 돌보시는 농부는 결코 없습니다. 하나님은 우리가 예수님에게 붙어 있어 건강하게 자라 열매 맺기를 원하십니다.

> 무릇 내게 있어 과실을 맺지 아니하는 가지는 아버지께서 이를 제해 버리시고 무릇 과실을 맺는 가지는 더 과실을 맺게 하려 하여 이를 깨끗케 하시느니라 (요 15:2).

참 포도나무이신 예수님 안에 붙어 있지 않으면 실패하게 됩니다. 포도나무는 가지를 통해서만 열매를 맺을 수 있습니다. 가지는 포도나무에 붙어 있어야 포도나무와 동일한 생명의 수액을 공유합니다. 그러나 가지가 포도나무에 붙어 있지 않으면 생명의 영향력을 공급받지 못함으로 열매 맺는 것을 실패합니다.

> 나는 포도나무요 너희는 가지니 저가 내 안에, 내가 저 안에 있으면 이 사람은 과실을 많이 맺나니 나를 떠나서는 너희가 아무것도 할 수 없음이라 (요 15:5).

우리는 참 포도나무에 붙어 있는 가지가 되어야 합니다. 이 포도나무의 비유를 통해서, 하나님의 자녀들이 구주와 아주 밀접한 관계에 있음이 잘 묘사되어 있습니다. 제자들은 그리스도 안에 머물러 있을 때에만 영적으로 살아있으며, 살아 계신 그리스도를 통해서 생명과 힘을 얻게 됩니다.

가지가 포도나무에 붙어 있어야 열매를 많이 맺듯이 우리가 참 포도나무인 예수님 안에 거하고 연합되어야 합니다. 예수님외의 다른 것과 연합이 되면 우리는 영적으로 나쁜 열매를 맺게 되고 말라 죽게 됩니다. 왜냐하면 예수님은 생명을 주는 원천이시기 때문에 잘려 나가면 우리는 말라 죽게 됩니다. 예수님을 떠나서는 건강하며 풍요롭고 행복한 삶을 살 수 없습니다. 그러나 예수님 안에 거하면 성령의 열매인 사랑, 희락,화평, 오래 참음, 자비, 양선, 충성, 온유, 절제 열매를 맺을 수 있습니다.

하나님께서는 그의 자녀들이 영적으로 풍성한 열매를 맺고 영적으로 성장하고 성숙하기를 원하십니다.

> 사람이 내 안에 거하지 아니하면 가지처럼 밖에 버리워 말라지나니 사람들이 이것을 모아다가 불에 던져 사르느니라 (요 15:6).

예수 그리스도를 떠남으로써 야기되는 숙명적인 결과는 6절처럼, 그리스도 안에 거하지 않는 위선자들이 처할 무서운 상황을 묘사한 것입니다. 예수 그리스도를 배척하는 자들이 그리스도에게 배척당하는 것은 당연한 일입니다. 그리스도 안에 거하지 않는 자들은 버림받을 것이며 나무에서 꺾인 가지처럼 시들어 버릴 것입니다. 예수 그리스도 안에 거하지 않는 자들은 순식간에 시들어 아무런 쓸모도 없게 됩니다.

포도나무 열매는 주인인 농부를 영화롭게 하며 사람을 기쁘게 합니다. 포도나무가 열매를 맺지 않는다면 농부는 실망하여 그 가지들을 불살라 버립니다. 이와 마찬가지로 그리스도인이 열매를 맺지 않는다면 인생을 허비하는 것이며 그리스도인으로 실패하는 삶을 사는 것입니다.

하나님의 자녀들은 그리스도를 통해서 역동적인 그리스도인이 될 수 있을 뿐만 아니라, 주인이신 하나님을 위해 열매를 맺혀 드릴 수도 있습니다.

"너희가 내 안에 거하고 내말이 너희안에 거하면 무엇이든지 원하는 대로 구하라 그리하면 이루리라 너희가 과실을 많이 맺으면 내 아버지께서 영광을 받으실 것이요 너희가 내 제자가 되리라"(요 15:7-8).

예수님께서는 "내안에 거하라 그러면 내가 너희 안에 거한다"고 말씀하셨습니다. 우리는 예수님과 서로 상호적으로 거해야 합니다. 예수님께서는 우리가 예수님 안에 거하는 축복을 누리게 하기 위해서 우리들에게 포도나무 비유를 통하여 영적인 교훈의 말씀을 하십니다.

우리가 예수님 안에 있고 말씀이 우리 안에 있으면 축복이 약속되어 있습니다. 예수 그리스도 안에 거한 자들이 누릴 특권은 주님과 친밀함을 누리며 기도의 응답을 받습니다.

샨 볼츠(Shawn Bolz)는 오직 주님이 원하시는 것이 무엇인지에만 초점을 맞추었을 때, 도리어 주님께서 정말로 네가 원하는 것이 무엇이냐고 물으셨다고 합니다. 주님은 샨이 원하는 것을 선물로 주셨답니다. 달라고 조르지 않아도 무엇이든지 원하는 것을 주실 수 있는 분이 주님이십니다.

또한 우리가 과실을 많이 맺으면 아버지께서 영광을 받으실 것입니다. 모든 그리스도인들의 결실은 하나님의 영광입니다. 우리가 열매를 많이 맺을수록 우리의 선함이 충만하게 되며 더 많은 영광을 주님께 돌리는 것입니다. 하나님을 영화롭게 하는 선한 열매를 맺어야 합니다.

"너희가 내 제자가 되리라"의 말씀처럼 우리의 제자 됨은 우리가 하나님 안에 거하고 그 사랑을 받아 누리고 그 사랑 안에서 즐거워하는 것으로 증명됩니다. 예수님의 제자들로 모든 의의 열매와 예수 그리스도에 대한 자신의 향기를 뿜어냄으로써 열매 맺는 삶을 살아야 할 것입니다.

그러므로 하나님의 임재에 들어가는 것은 예수님과의 관계를 통해서 들어갑니다. "나로 말미암지 않고는 아버지께로 올 자가 없느니라"(요

14:6)와 같이 예수님은 성소에 이르는 진리의 길입니다. 바울은 "이는 저로 말미암아 우리 둘이 한 성령 안에서 아버지께 나아감을 얻게 하려 하심이라…그의 안에서 성전이 되어 가고 너희도 성령 안에서 하나님의 거하실 처소가 되기 위하여 예수 안에서 함께 지어져 가느니라"(엡 2:18-22). 우리가 하나님을 발견하는 것은 영과 진리 안에서입니다.

> 아버지께서 나를 사랑하신 것같이 나도 너희를 사랑하였으니 나의 사랑 안에 거하라 내가 아버지의 계명을 지켜 그의 사랑 안에 거하는 것 같이 너희도 내 계명을 지키면 내 사랑 안에 거하리라 내가 이것을 너희에게 이름은 내 기쁨이 너희 안에 있어 너희 기쁨을 충만하게 하려 함이니라 (요 15:9-11).

우리는 예수님의 사랑 안에 거해야 합니다. 예수님은 아버지가 자기를 사랑하신 것 같이, 우리를 사랑하신 예수님의 사랑 안에 거하라고 명령하셨습니다. 그러면 예수님의 기쁨이 우리에게 있어 우리 기쁨을 충만하게 하신다고 약속하셨습니다. 예수님의 사랑 안에 거함의 결과는 넘쳐나는 기쁨입니다. "내 기쁨이 너희 안에 있게 하기 위함이라" 우리의 기쁨은 그분의 기쁨과 불가분의 관계로 연결되어 있습니다. 하나님은 사랑이십니다. 예수 그리스도는 자신을 온전히 인간을 위해 내어주신 무한한 사랑의 결정체이십니다. 예수님의 사랑은 아가페적인 사랑입니다. 아가페적인 사랑은 하나님의 사랑입니다. 하나님 안에 거할 때 원수까지 사랑할 수 있습니다. 하나님의 사랑만이 완전하며 성령님께서 그 사랑을 우리 안에 불어 넣어 주십니다. 하나님의 사랑만이 우리 안의 분열과 영적인 질병을 치료하십니다.

저는 J. 오스왈드 샌더스 목사님이 쓴 「하나님과 친밀함 누리기」에서

---

65) 토기장이, 김주성 옮김, 2002. pp. 140-141

다음과 같은 내용을 읽고 은혜를 받았습니다.[65]

한때 미국의 모라비안 교회는 분열의 위험 가운데 있었습니다. 그래서 진젠돌프 백작은 제안하길 논쟁하는 대신 함께 만나서 요한서신을 공부하자고 했습니다. 매일매일 그들은 모여서 성경을 읽었습니다. 그러나 1727년 8월 13일에 위대한 일이 일어났습니다. 그들은 베르텔스도르프로 가서 그들이 아카페라고 부르는 애찬식을 가졌습니다. 설교하며 기도할 때 그들이 모여 있는 곳이 흔들렸고 회중 가운데는 전율이 흘렀습니다. 그들은 서로 돌아보며 말했습니다. "이게 뭐지? 이건 분명히 오순절 성령의 역사야!" 그때 무슨 일이 있었는지 후에 질문 받았을 때 그들은 대답했습니다. "그날 우리는 사랑하는 법을 배웠습니다. 예수 그리스도를 사랑하고 서로 사랑하는 것을 말입니다." 그리고 그들은 결코 다시 논쟁하지 않았습니다. 말다툼 대신 그들은 기도회를 시작했으며 그 릴레이는 쉼없이 100년 이상 이어졌습니다.

하나님께서는 우리가 먼저 예수님을 사랑하고 다른 사람을 사랑하는 것을 보여주기를 기대하십니다. 희생적인 사랑으로 우리를 사랑하는 매력적인 사람에게만 아니라 사랑스럽지 않은 자에게도 사랑은 행동되어야 합니다. 나의 친구들뿐만 아니라 원수들을 위해서까지 사랑을 하는 것입니다.

실루안 수도사는 만약 원수를 비롯하여 모든 피조물을 사랑하지 않았다면 하나님과 참된 관계를 이루지 못했다고 강조하였습니다.[66]

"…하나님을 사랑하고 이웃을 사랑하는 그리스도의 두 계명은 하나

---

66) (아토스의 성자 실루안, p.105).

의 생활 방식을 제공한다. 그러므로 만약 사람이 하나님 안에 살고 하나님을 사랑하면서도 형제를 미워하면, 자신을 속이는 것이다. 이 점에서 두 번째 계명은 우리가 얼마나 하나님을 참되게 섬기고 사랑하는지를 재는 척도가 된다."

베드로 사도는 만물의 마지막이 어느 때보다 가까운 때임을 우리에게 권면하고 있습니다.

만물의 마지막이 가까왔으니 그러므로 너희는 정신을 차리고 근신하여 기도하라 무엇보다도 열심으로 서로 사랑할지니 사랑은 허다한 죄를 덮느니라 서로 대접하기를 원망 없이 하고 각각 은사를 받은 대로 하나님의 각양 은혜를 맡은 선한 청지기같이 서로 봉사하라(벧전 4:7-10).

우리는 예수님 안에 거해야 합니다. 예수님 안에 거할 때 능력을 받고 건강하게 많은 열매를 맺게 됩니다. 하나님과 친밀한 삶으로 기도의 응답을 받으면 참된 제자로서 하나님께 영광을 돌리게 됩니다. 그리고 예수님의 기쁨이 우리 안에 충만하게 됩니다. 그러므로 우리는 참 포도나무인 예수님께 붙어 있어, 예수님 사랑 안에 거하며 약속된 축복을 누리며 살아야 하겠습니다.

우리가 예수님과 서로 상호적으로 거할 때 놀라운 축복을 받게 될 것입니다.

예수님 안에 거할 때만이 실패된 삶을 성공적인 삶으로 바꾸어 하나님께 영광을 돌리게 됩니다. 그러므로 참 포도나무인 예수님 안에서 능력을 받을 뿐만 아니라 친밀함을 누리는 삶을 살아야 합니다.

---

67) 오스왈드 샌더슨, 하나님과 친밀하게 지내기, p. 223

프란시스 리들리 하베겔은 다음과 같은 시를 소개하였습니다.[67]

오 통치하는 당신을 보는 기쁨이여
당신은 나의 사랑하는 주님
모든 입이 당신의 이름을 고백해
경배, 존귀, 영광, 송축을 한 마음으로
당신께 드리네 당신은 나의 주, 나의 친구,
의롭다 하심을 입으시고서
보좌에 앉으사 땅의 가장 먼 끝에게까지
영광 받으시고 찬양 받으시고 인정되시네

바울은 예수님의 강림하심으로 우리가 만날 것을 말하였습니다.

그 후에 우리 살아남은 자도 저희와 함께 구름 속으로 끌어올려 공중에서 주를 영접하게 하시리니 그리하여 우리가 항상 주와 함께 있으리라 (살전 4:17).

요한은 하나님의 보좌에 계신 주님을 찬양하였습니다.

우리가 즐거워하고 크게 기뻐하여 그에게 영광을 돌리세 어린 양의 혼인 기약이 이르렀고 그 아내가 예비하였으니 그에게 허락하사 빛나고 깨끗한 세마포를 입게 하셨은즉 이 세마포는 성도들의 옳은 행실이로다 하더라 천사가 내게 말하기를 기록하라 어린 양의 혼인 잔치에 청함을 입은 자들이 복이 있도다 하고 또 내게 말하되 이것은 하나님의 참되신 말씀이라 하기로 (계 19:7-9).
그의 얼굴을 볼 터이요 그의 이름도 저희 이마에 있으리라 (계 22:4).

예수님은 하나님 아버지의 영광을 보았습니다. 그 영광을 예수 그리스도 안에서 볼 수 있도록 제자들을 위하여 대제사장의 기도를 하셨습니다.

아버지여 내게 주신 자도 나 있는 곳에 나와 함께 있어 아버지께서 창세 전부터 나를 사랑하시므로 내게 주신 나의 영광을 저희로 보게 하시기를 원하옵나이다 (요 17:24).

아토스의 성자 실루안은 '영적 안목'에 대하여 다음과 같이 말했습니다.(소프로니, 아토스의 성자 실루안, 김귀탁 역 은성, pp. 86-87).

실루안 수도사는 "정신이 하나님 안에 있으면 세상은 잊혀진다"고 자주 말씀하였다. 아울러 그분은 "영적인 사람은 독수리처럼 하늘로 솟아오르고, 그의 영혼은 하나님을 느끼며, 기도를 통하여 온 세상이 어둠에 싸여 있음을 깨닫게 된다"고 썼다.

우리는 하나님의 임재 속에서 살기 위해 겸손과 진실의 길을 걸어야 합니다.

프랜시스 프랜지팬(Francis Frangipane)은 그가 쓴 「거룩과 진리와 하나님의 임재」(Holiness, Truth, The Presence of God)라는 책 서두에 다음과 같이 설명하였습니다.[68]

당신이 여행을 하려고 한다고 가정해 봅시다. 출발하는 것은 어디에 선가 떠나는 것입니다. 거룩에의 여정의 첫 걸음은 자기 의와 자만에서 떠나는 것입니다. 하나님의 임재 속에서 살기를 참으로 원한다

---

68) 프랜시스 프랜지팬(Francis Frangipane) 최태희 옮김 p.8, 10).

면 겸손과 진실의 길부터 걷지 않으면 안됩니다.

프랜시스 프랜지팬은 겸손에 대해 다음과 같이 설명하였습니다.

위선자인 채로 거룩해질 수 없습니다. 정말로 성결해지기를 원한다면 우리가 겉으로 나타나 보이는 것처럼 거룩하지 않다는 것을 먼저 고백해야 합니다. 이 첫 단계가 바로 겸손입니다.

하나님을 알기가 소원이라면 바로 이것을 알아야 합니다. 전능하신 그분은 교만한 자를 물리치시고 겸손한 자에게 은혜를 주신다는 것입니다(약 4:6). 겸손은 우리의 필요에 은혜를 주고, 그 은혜는 우리의 마음을 변화시킬 수 있습니다. 따라서 변화할 수 있는 기초는 겸손입니다. 겸손은 모든 덕의 본질입니다.

하나님의 임재를 경험할 수 있는 가장 좋은 비결은 겸손할 뿐만 아니라 맑은 영으로 상한 심령을 가진 사람입니다.

말씀을 읽을 때

하나님의 말씀을 읽을 때 성령의 감동으로 임재를 체험할 수 있습니다. 로이드 존tm(Martyn Lloyd-Jones) 박사는 하나님의 임재 가운데 들어 갈 수 있는 방법을 "말씀을 더 알고 더 읽으면 더 하나님의 임재하심 안에 들어 갈 수 있다"고 다음과 같이 소개하였습니다.[69]

…성경 안에서 하나님은 자신을 나타내셨습니다. 성경을 읽음으로써 하나님에 관한 지식을 얻을 수 있습니다. 하나님은 성경을 통하여 하나님 자신과 우리에 관하여 말씀하십니다. 그러므로 그 말씀을 더 알고, 더 읽으면, 더 하나님의 임재하심 안에 들어갈 수 있습니

---

69) 하나님 앞에 사는 즐거움, p.180

다. 만약 여호와를 항상 내 앞에 모시기 원한다면, 정규적으로 성경 읽는 시간을 많이 가지십시오.

　체계적으로 읽으십시오. 그저 성경을 펼쳐서 되는 대로 시편을 조금 읽다가 다음에는 복음서를 읽고 하는 식으로 여기저기 읽지 말고 창세기로 시작해서 요한계시록까지 성경을 매년 한 번씩 읽으십시오. 성경을 일 년에 한 번도 읽지 않는 그리스도인들은 창피한 줄 알아야 합니다. 조직적으로 읽으십시오 …어떤 방법을 취하든지 간에 성경을 읽으셔야 합니다. 하나님의 말씀이 우리에게 말씀하고 계십니다. 하나님의 말씀을 청종하십시오. 그러면 그분의 임재 속에 들어가실 것입니다. 성경을 읽음으로 여호와를 앞에 모십시오.

　잔느 귀용(Jeanne Guyon)은 주님께로 나아가는 두 가지 방법을 제시하였는데 그 첫번째 방법은 '성경으로 기도하기'와 두 번째 방법은 '주님 바라보기' 혹은 '주님의 임재하심 속에 기다리기' 입니다. 그 중에 성경을 읽는 것과 기도하는 것 두 가지가 포함한 방법을 다음과 같이 가르쳐 주었습니다.[70]

　이 방법은 다음과 같이 시작한다.
　성경을 편다. 간단하면서도 아주 실천적인 구절을 선택하라. 그 다음에는 주님께로 나아가라. 조용하게 그리고 겸손한 마음으로 나아가라. 그리고 주님 앞에서 당신이 펼쳐 놓은 짧은 성경 구절을 읽으라.
　정신을 집중하면서 성경을 읽으라. 읽고 있는 내용은 온전히 그리고 온유하게, 신중하게 받아들이라. 성경을 읽으면서 그 내용을 음

---

[70] 예수 그리스도를 깊이 체험하기(EXPERIENCING THE DEPTHS OF JESUS CHRIST), pp. 18, 179

미하고 완전히 소화하라…그러나 '성경으로 기도하기'의 방법에서는 성경을 빨리 읽지 않는다. 성경을 매우 느린 속도로 읽어야 한다. 또한 읽고 있는 내용의 핵심을 파악하기까지는 한 본문에서 다른 본문으로 넘어 가지 않는다… 본문으로부터 어떤 것을 이끌어낸 후에 그리고 당신이 그 부분의 핵심을 파악하고 그 구절의 더 깊은 의미를 다 알았다는 사실을 알게 된 후에 아주 천천히, 부드럽게 그리고 조용하게 다음 부분을 읽어 나가기 시작한다. 주님과 함께 보내는 시간이 끝났을 때에 당신은 성경을 매우 조금 아니 어쩌면 반 페이지도 읽지 못했다는 사실을 발견하고 깜짝 놀라게 될 것이다… 만일 이러한 과정을 따른다면 당신은 조금씩 당신의 내적인 존재로부터 흘러 나오는 아주 풍요로운 기도 생활을 경험하는 자리에 이를 것이라는 분명한 확신을 갖을 수 있을 것이다.

잔느 귀용은 감옥에 있으면서도 편지를 통해서 받은 질문에 다음과 같이 답신을 주었습니다.

귀하는 성경을 읽어 나가시다가, 때로는 읽는 것을 잠시 중단하고 하나님을 기다리며 침묵으로 기도하는 일에 전념하십시오. 특별히 당신의 마음에 와 닿는 구절을 읽었을 때에는 꼭 그렇게 하십시오. 성경을 읽을 때에는 거기에 맞는 결과를 생겨나도록 하십시오. 그 구절을 읽을 때 임한, 귀하의 내면세계의 느낌을 따르십시오. 그분의 만져 주심에 따르십시오.

예수님의 보혈의 능력을 의지할 때

하나님의 임재에 들어 갈 수 있는 길은 예수님의 보혈의 능력을 통해서입니다. 예수님은 자신이 흘리신 피를 가지고 성소로 들어가셨습니다. 모세는 율법대로 성소에 있는 모든 것에 희생 제물의 피를 뿌렸습니다. 이 제물에 피를 뿌린 것으로 부정함을 씻는 것입니다. 모세가 지상에 있는 성소의 모형을 피로 정결케 했듯이 예수님은 그와 함께 하늘의 참 성소로 들어가는 사람들을 정결케 해 주십니다.

> 그리스도께서 장래 좋은 일의 대제사장으로 오사 손으로 짓지 아니한 곧 이 창조에 속하지 아니한 더 크고 온전한 장막으로 말미암아 염소와 송아지의 피로 아니하고 오직 자기 피로 영원한 속죄를 이루사 단번에 성소에 들어가셨느니라 염소와 황소의 피와 및 암송아지의 재로 부정한 자에게 뿌려 그 육체를 정결케 하여 거룩케 하거 (히 9:11-13).

히브리서 9장 11절 "예수 그리스도께서 더 크고 온전한 장막으로 말미암아 성소에 들어 가셨느니라"라는 말씀에 주목해야 합니다. 예수님께서는 더 크고 온전한 장막으로 말미암아 지성소에 들어가셨다는 것입니다. 지성소는 하나님의 직접적인 임재가 있는 곳이요. 성소는 휘장을 통하여 하나님께 가까이 나아가는 곳입니다. 예수 그리스도는 성소를 지나 지성소로 들어가셨습니다. 예수님은 자신이 죽었을 때 휘장이 둘로 갈라져 하나로 통일되게 하신 것처럼 예수 그리스도께서 휘장, 즉 자기 육체를 통해 새롭게 산길을 열어 놓으신 것입니다. 휘장이 열리고 그리스도께서 그리로 들어가셨을 때 하나님께서 계시는 곳과 제사장이 거하던 이 두 곳은 하나가 되어 버린 것입니다.

히브리서 9장 12절 "그리스도는 오직 자기피로 영원한 속죄를 이루사 단번에 성소에 들어 가셨느니라" 여기서 '자기 피로' 라는 말에 중요한 의미가 있는 것을 알아야 합니다.

하나님께서는 모세에게 "내가 이 피를 주의 단에 뿌려 속하게 하였나니 피에 생명이 있으므로 피가 죄를 속하느니라"라고 말씀하셨습니다. 몸 안에 살아 있는 피가 생명입니다. 흘린 피는 죽음을 표상하는 것입니다. 예수 그리스도는 세상 죄를 지고 가는 하나님의 어린양으로 죽임을 당하였습니다. 예수님은 불의한 자를 대신하여 우리들의 죄를 지셨으며 그분의 피는 우리를 위해 흘리셨고 그 분의 목숨은 많은 사람들의 속전으로 지불되었습니다.

하나님께서 예수님을 죽은 자 가운데서 다시 일으킨 것은 영원한 언약의 피 안에서 한 것으로써 그 피는 부활의 능력이었습니다. 예수 그리스도께서 하늘에 있는 것들을 정결케 하고 우리를 위하여 지성소에 들어간 것은 자기 피로 말미암음입니다.

예수님은 오직 자기 피로 영원한 속죄를 이루셨습니다. 그리고 예수님은 죽은 자 가운데서 일어나 하늘에 올라가 하나님의 우편에 앉아계십니다. 예수님께서 우리를 위해 언약의 피를 주셨기 때문에 우리는 보혈의 공로로 우리가 원하는 만큼 하나님께 가까이 갈 수 있습니다.

예수님의 피는 놀라운 신비가 있습니다. 앤드류 머레이는 다음과 같이 예수님의 피에 대하여 놀랍게 소개하였습니다.[71]

> 예수님의 피 안에 우리 하나님이 혈육을 입으신 성육신과 피를 흘려 죽기까지의 순종과, 그 자신의 피로 우리를 사신 그 지각을 초월하는 사랑과, 모든 적에 대한 승리로서의 영원한 속죄와 부활승천과, 그 피로 말미암아 온 대속과 화해와 칭의와 양심을 씻고 온전케 하며, 마음에 뿌려지고 백성을 거룩케 하는 모든 비밀들이 집중되어 있다. 그 피로 말미암아 그리스도는 단번에 하늘에 들어가셨고 그 피로 말미암아 우리도 지성소 안에 들어가며 우리의 처소를 갖는다.

---

71) 지성소, 2001, 정현대 역 빌라델비아, pp.244-245

주 예수께서 영원한 속죄를 이루사 단번에 지성소에 들어가는 길을 열어 놓으신 것입니다. 즉 예수님의 피로 말미암아 지성소로 들어갈 수 있게 하셨습니다. 그러므로 예수님의 피의 능력으로 하나님의 임재로 나아갈 수 있습니다.

그러므로 형제들아 우리가 예수의 피를 힘입어 성소에 들어갈 담력을 얻었나니 그 길은 우리를 위하여 휘장 가운데로 열어 놓으신 새롭고 산 길이요 휘장은 곧 저의 육체니라 또 하나님의 집 다스리는 큰 제사장이 계시매 우리가 마음에 뿌림을 받아 양심의 악을 깨닫고 몸을 맑은 물로 씻었으나 참 마음과 온전한 믿음으로 하나님께 나아가자 (히 10:19-22).

예수님의 피는 생명력 있는 능력으로 역사합니다. 성령의 능력 안에서 하늘에서부터 우리에게 뿌려진 피는 부활과 승천의 능력과 같이 하나님의 임재 안으로 들어가게 하는 것입니다. 예수님께서는 자기 피로 단번에 하나님의 거룩한 임재를 체험할 수 있는 길을 미리 준비해 주셨습니다.

예수님께서 십자가에 못 박히심으로 우리도 십자가에 정과 욕심을 못 박을 때 주님이 우리 안에 거하십니다.

> 내가 그리스도와 함께 십자가에 못 박혔나니 그런즉 이제는 내가 산 것이 아니요 오직 내 안에 그리스도께서 사신 것이라 이제 내가 육체 가운데 사는 것은 나를 사랑하사 나를 위하여 자기 몸을 버리신 하나님의 아들을 믿는 믿음 안에서 사는 것이라 (갈 2:20).

예수님께서는 우리를 하나님이 계신 지성소로 들어가도록 인도할 수 있는 길을 열어 놓으셨습니다. 예수 그리스도께서 지성소에 들어갈 수 있었던 것은 자기피로 말미암아 입니다. 마찬가지로 우리가 지성소로 들어갈 수 있는 것도 예수 그리스도의 피의 능력입니다.

우리는 예수 그리스도의 피의 능력과 예수님을 통하여 진실한 마음과 참 믿음을 가지고 사랑하고 갈망하여 영광스러운 하나님의 임재를 체험하며 살아야 하겠습니다.

자기 주도권을 포기할 때

주님과 깊이 체험하기 위해서는 자기 포기(abandonment)가 있어야 합니다.

잔느 귀용(Jeanne Guyon)은 예수 그리스도를 깊이 아는 체험의 방법을 다음과 같이 설명하였습니다.[72]

> 예수 그리스도를 더 깊이 만나는 자리로 들어가기 위해서는 당신의 전존재를 포기하고 하나님께 맡기기 시작하는 것이 요구된다.
>
> 주님을 아는 일에 진보가 있으려면 자기 포기가 가장 중요한 일이다. 사실 자기를 포기한다고 하는 것은 내적인 성전(즉, 주님이 임재하시는 장소)으로 들어가는 문을 여는 열쇠, 즉 헤아릴 수 없이 깊은 단계로 나가는 문들을 여는 열쇠이다. 즉 자기를 포기한다는 것은 내적인 영적 생활에 이르는 열쇠인 것이다.
>
> 자기를 포기하고 주님께 완전히 맡겨 드리는 방법을 아는 그리스도인은 곧 완전함에 이르게 된다.(여기서 완전함이란 언제 어떠한 상황에서든 지간에, 항상 하나님의 뜻에 일치하게 살아가는 삶, 또한 그렇게 살아가려고 하는 의지를 가지고 사는 삶을 말한다−역자 주)… 위대한 믿음은 위대한 자기 포기를 낳는다. 자기 포기란 무엇인가? 자기 포기가 무엇인지 이해할 수 있다면 더 쉽게 그러한 덕목

---

[72] 예수 그리스도를 깊이 체험하기(EXPERIENCING THE DEPTHS OF JESUS CHRIST), pp. 47-51

을 소유할 수 있게 될 것이다.

자기 포기란 자기의 모든 염려를 던져 버리는 것이다. 자기 포기란 자기의 모든 필요 사항(needs, 문제들)을 다 떨쳐 버리는 것이다. 여기에는 영적인 필요 사항의 문제까지도 포함된다 …자기 포기란 자신의 모든 영적인 문제들을 영원히 옆으로 제쳐두는 것이다.

참된 포기에는… 당신의 삶에 있어서 모든 외적인 부분, 즉 실제적인 것들과 관계된 자기 포기가 있어야 한다. 또한 두 번째로는 모든 내적인, 즉 영적인 것들과 관계되어 있는 자기 포기가 있어야 한다. 당신은 주님께로 나아와서 거기서 당신의 모든 관심을 다 포기하고 내려놓는 일을 해야 한다. 이제 당신은 당신 자신에 대해서는 잊게 되고, 그 순간부터 계속해서 주님에 대해서만 생각하게 된다.

오랜 기간 동안 이렇게 함으로써 당신의 마음은 어디에도 얽매이지 않은 상태에 있게 될 것이다. 당신의 마음은 완전히 자유롭게 평안한 상태에 있게 될 것이다.

이와 같은 자기 포기의 훈련을 어떻게 실시해야 할 것인가? 매일, 매시간 그리고 매순간마다 실시하라. 자기 포기는 당신의 의지가 하나님의 뜻 속에서 완전히 없어지는 것이 반복됨으로써 이루어진다. 즉 당신의 뜻을 하나님의 깊은 뜻에 완전히 던져 넣음으로써 영원히 당신의 뜻이 보이지 않은 상태에 있으라는 것이다!

사실 이러한 자세의 결과로부터 당신은 가장 경이로운 지점에 이르게 될 것이다…당신은 이제 하나님께서 원하시는 것만을, 즉 하나님께서 영원 전부터 원해 오신 것만을 원하게 될 것이다.

브라더 로렌스 수사는 하나님께 나아가 하나님의 임재를 체험하는 가장 좋은 방법을 '오직 주님만'으로 다음과 같이 알려 주었습니다.[73]

---

73) 하나님의 임재 체험하기, pp.76-77

나는 여러 책에서 하나님께 나아가는 방법과 영적 생활의 방법에 대한 수많은 설명들을 읽어 보았습니다. 이런 방법들은 도움이 되기보다는 오히려 혼란을 더 가중시키는 것 같습니다. 내가 추구하는 것은 온전히 하나님의 것이 되는 것뿐이기 때문입니다.

그래서 나는 모든 것을 버리기로 결심했습니다. 그리고 나 자신을 온전히 하나님께 드렸습니다. 나는 주님의 것이 아닌 것은 모두 다 포기했습니다. 이렇게 한 것은 나의 죄 문제를 해결하기 위해서와 주님을 향한 사랑 때문이었습니다. 나는 주님 외에는 아무것도 없는 것같이, 절대적으로 아무것도 없는 것같이 살기 시작했습니다. 그리하여 나는 이 세상 전체에 오직 주님과 나만 있는 것처럼 살기를 추구하기 시작했습니다.

주님이 내 마음속에 계시는 것으로 생각했습니다. 나의 아버지로, 나의 하나님으로 생각하는 것입니다. 나는 할 수 있는 한 자주 하나님께 경배했습니다. 나의 생각을 그분의 거룩한 임재 안에 머무르게 했습니다. 나의 생각이 주님을 떠나 방황하는 것을 발견할 때마다 주님을 생각했습니다.

나는 지정된 기도 시간에 주님 앞에 있듯이 온종일 내내 할 수만 있으면 최대한으로 주님 앞에 있는 것을 내가 할 일로 만들었습니다. 하나님을 생각하는 데 방해가 될 수 있는 것은 무엇이든지 내 생각 속에서 몰아내었습니다. 이 일을 매시 매분마다, 아니 일과 바쁜 때에도 그렇게 했습니다.

우리는 주님 없이는 아무것도 할 수 없습니다. 내가 할 수 있는 일이라도 다른 누군가가 할 수 있는 것보다 작습니다. 그럼에도 불구하고 우리가 우리 자신을 성실하게 그분의 거룩한 임재 앞에 드리고 그분의 얼굴을 늘 우리 앞에 모시면, 좋은 결과를 얻게 됩니다.

하나님 임재의 훈련을 할 때

하나님의 임재를 체험하기 위해 하나님의 임재를 훈련해야 합니다.

로이드 존스(Martyn Lloyd-Jones) 박사는 "하나님의 임재를 체험하기 위해 하나님의 임재를 훈련해야 한다"고 강조하고 자신의 실제적인 경험을 다음과 같이 소개하였습니다.[74]

> 내가 아침에 일어났을 때, 그 어떤 것도 생각하기 전에 나 자신에게 말합니다. "너는 하나님의 자녀다. 영원한 유업을 받은 자다. 하나님께서는 너를 알고 계시며, 너는 하나님께 속한 자다"라고 상기시키는 것입니다. 이런 고백은 꼭 해야 할뿐더러 확실하게 해야 합니다. 아침에 일어나는 그 순간 마음속에 여러 가지의 것들이 떠오를 때에 모든 것들을 다 떨쳐 버리고 의도적으로 하나님을 생각하며, 하나님과 나의 관계를 상기시킵니다. 이것을 묵상하면서 의식적으로 하나님의 임재하심을 찾습니다. 우리는 하나님의 임재를 훈련해야 합니다. 다른 말로 표현하자면, 나 자신에게 이렇게 말하는 것입니다. "하나님은 존재하시고 나 역시 존재한다. 하나님은 실재하신다. 하나님은 그저 어떤 용어의 표현이 아니며 철학적인 개념이 아니다. 하나님은 존재하신다. 하나님은 인격이시다. 그러므로 나는 그분의 임재하심에 들어가기를 원한다. 나는 그분을 알고 싶고, 그분과 이야기하고 싶다. 나는 친구를 방문하는 것처럼 그분에게 나아갈 것이다. 하나님을 방문하고 친분을 나누며 교제를 가질 것이다.

하나님의 임재의 삶을 살았던 프랭크 루박(Frank Laubach)은 다음과 같이 임재 연습을 하였습니다.[75]

---

74) 하나님 앞에 사는 즐거움, pp. 179-180
75) 하나님의 임재 체험하기, 생명의 말씀사, 1996, pp. 20, 51, 55

나는 올해부터 잠이 깨어 있는 동안은 쉬지 않고 "아버지 하나님, 제가 무슨 말을 하기를 원하십니까? 지금 이 순간 어떻게 행하기를 원하십니까?" 라는 질문을 하며, 속에서 들리는 세미한 음성에 계속 귀를 기울이기 시작했습니다. 이것은 분명히 예수님이 매일 온종일 행하신 일임이 분명합니다.

며칠 전부터 이전보다 더욱더 온전히 하나님을 의지하는 연습을 하고 있습니다. 나는 의도적으로 의지적인 행동을 하고 있습니다. 매 시간마다 하나님을 생각하는 데 많은 시간을 들이고 있는 것입니다. 어제와 오늘은 새로운 모험을 시도했습니다. 그것을 설명하기는 쉽지 않습니다. 나는 매순간 하나님을 느끼고 있습니다. 그것은 의지의 행동입니다.

루박은 '하나님 임재 체험하기' 의 시작 방법을 다음과 같이 가르쳐 주었습니다.

편안하고 복잡하지 않으며 당신에게 쉬운 시간을 찾으십시오. 그리고 한 시간에 몇 분이나 또는 일 분에 몇 번이나 그리스도를 생각하고 교제하는지 살펴보십시오. 다시 말해서 60초마다 1초씩이라도 그리스도를 생각하는지 살펴보는 것입니다. 처음에는 그리 잘하지는 못할 것입니다. 그렇지만 계속 노력하십시오. 그러면 조금씩 쉬워져서 마침내는 거의 자동으로 될 것입니다.

루박은 계속해서 하나님의 임재를 체험하기 위해 치러야 할 대가를 다음과 같이 가르쳐 주었습니다.

첫 번째로 치러야 할 대가는 우리의 의지를 잔잔하게 그렇지만 지속적으로 붙들어 매는 것입니다. 힘이 들겠지만 노력이 없이 상을 얻을 수는 없는 것이 아니겠습니까?

두 번째로 치러야 할 것은 인내입니다. 처음 시작할 때 결과가 신통치 않다고 해서 실망할 필요가 조금도 없습니다. 누구라도 처음에는 얼마 동안 이런 경험을 합니다.

세 번째로 치러야 할 것은 완전한 순종입니다. 우리의 의지가 거역하는 바로 그 순간 우리는 그리스도의 임재를 잃게 됩니다. 우리가 삶의 아주 작은 부분에서라도 자기를 고집하거나 악을 버리지 않음으로써 주님께서 우리를 온전히 지배하시는 것을 거부한다면 그 작은 벌레가 과일 전체를 망쳐 놓게 될 것입니다. 우리는 완전히 성실해야 합니다.

네 번째 치러야 할 것은 모임에 자주 참석하는 것입니다.

브라더 로렌스 수도사는 하나님의 임재를 방해하는 것을 어떻게 훈련하는 것을 다음과 같이 가르쳐 주었습니다.[76]

나도 처음 시작할 때는 마음이 훈련되지 않았습니다. 이처럼 훈련이 부족했기에 내가 최초로 시도한 경건 노력은 산만하고 흐트러지는 마음으로 방해를 받았습니다. 그런 습관은 극복하기 어려운 것입니다. 그것들을 우리의 의지와는 반대로 우리를 주님으로부터 이끌어 내어 세상으로 향하게까지 합니다.

이것에 대한 한 가지 해결책은 우리의 허물을 자백하고 하나님 앞에서 자신을 낮추라는 것이라고 나는 믿습니다. 이런 기도에서 말을 많이 하라고 권하고 싶지 않습니다. 많은 말과 긴 이야기는 당신의 생각이 산만해질 수 있는 기회만 됩니다.

---

[76] 하나님의 임재 체험하기, pp. 99-100

대신 이렇게 하십시오. 당신 자신을 주님 앞에 붙들어 두십시오. 가난한 거지가 부잣집 문 앞에 앉아 있듯이 거기에 머물러 있으십시오. 주님의 임재에 당신의 마음을 고정시키는 것을 당신의 일로 삼으십시오.

때로 당신의 마음이 산만해지고 주님으로부터 떠나갈 경우 속상해 하거나 불안해하지 마십시오. 고민이나 불안은 마음을 정리해 주기보다는 오히려 마음을 더욱더 주님으로부터 멀어지게 합니다. 평정을 유지하는 가운데 의지를 사용해서 마음을 돌이키도록 해야 합니다. 당신이 끈질기게 이렇게 한다면 주님께서 당신을 불쌍히 여기실 것입니다.

프랜시스 프랜지팬 목사님은 주님이 말씀으로 씻으시며 하나님의 임재 속으로 이끄실 것이라고 하였습니다.[76]

"주님이 그분의 말씀으로 당신을 씻으시고 그분의 거룩으로 당신을 징계하시면서 그분의 임재 속으로 당신을 더욱 가까이 이끄실 것입니다. 당신의 눈을 열어 '안과 밖의 것들'을 볼 수 있게 해 주실 것입니다."

하나님의 임재의 훈련을 계속하게 되면 자연스럽게 하나님을 뵙고, 더욱 친밀한 교제를 나눌 수 있습니다.

잘못된 편견에 대한 분별을 할 때
하나님의 임재를 체험하기 위해서는 우리의 잘못된 편견을 조심하고 분별하여야 합니다.

---

76) 거룩과 진리와 하나님의 임재, p. 145

알티 켄달(R.T Kendal Robert)목사님은 "우리의 잘못된 편견으로 인해 하나님의 임재를 체험하지 못하는 일이 있어서는 안될 것이다"고 강조하였습니다.[77]

아마 여러분도 처음에는 결코 하나님의 방법이 아니라고 확신했던 일이 마치 야곱의 경우처럼 "하나님이 여기에 계셨는데, 내가 모르고 있었구나"라고 오류를 범한 경험이 있을 것이다. 우리 자신이 언제나 영적으로 깨어 있어서 결코 하나님의 임재를 알아차리지 못하는 일이 없을 것이라고 결코 자만하지 않도록 주의하자. 우리의 잘못된 편견으로 인해 하나님의 임재를 체험하지 못하는 일이 있어서는 안 될 것이다.
　나는 하나님의 임재를 내가 모르고 지나친다는 것을 생각만 해도 끔찍할 지경이다. 내 속에 계신 성령님께서 내가 만나는 다른 이들 속에 계신 성령님과 교통하시는 것을 생각만 해도 행복하다. 내가 이렇게 성령으로 충만하다면, 나는 하나님께서 역사하시는 현장에 있게 될 것이다. 또한 나는 자신의 온갖 치우침과 편견과 본능적인 감정을 억누르고 하나님의 임재를 체험하게 될 것이다.

알티 켄달 목사님은 때때로 우리가 어떠한 방해물로 인해 하나님의 임재를 알아보지 못하는 다음의 예를 들면서 "하나님의 임재를 알아야 한다"고 우리에게 가르쳐 주었습니다.

누가복음 24장에 나오는 기사를 살펴보자. 제자 둘이 엠마오로 가고 있었다. 어떤 낯선 이가 이들 앞에 나타나 함께 이야기를 나누며 동행하게 되었다. 이분은 주님이셨으나 제자들은 눈이 가리워져 하나

---

77) (하나님이 응답하실 때, 이우열, 예수전도단, 2003, pp.66-67, 68).

님의 임재를 알지 못하나 나중에야 비로소 하나님께서 우리 가운데 계셨다는 사실을 알게 될 수도 있다.
 그러나 우리는 이럴 때 주님의 임재를 알아야 한다. 우리가 하나님께 간절히 구하고 나서도, 정작 그분께서 응답하실 때에는 우리가 잊고 있는 경우를 생각해 보자. 그분께서는 우리의 기도에 응답하셨지만, 우리의 믿음이 너무 연약하거나 혹은 그릇된 편견이 믿음을 압도함으로써 하나님의 응답을 믿지 않는 경우가 있다…

켄달 목사님은 계속 하나님의 임재와 응답을 놓쳐 버린 몇 가지 경우를 알려 주었습니다.(하나님이 응답하실 때, pp.68-77)

이제 하나님의 임재와 응답을 놓쳐 버린 몇 가지 경우를 살펴보자.
- 다른 이들을 통해서 역사하실 때: 엘리 제사장이 한나에게 술이 취했다고 비난한 경우처럼 다른 이들에게 역사하시는 하나님의 손길을 모르고 상처를 주어서야 되겠는가?
- 하나님의 응답을 모르다가 뒤늦게 알게 될 때: 사도행전 12장 5절부터 보면 "이에 베드로는 옥에 갇혔고 교회는 그를 위하여 간절히 하나님께 빌더라" 하나님께서는 이들의 기도에 응답하시어 베드로를 풀려나도록 하셨다 베드로는 성도들이 모두 모여 합심하여 기도하고 있는 곳으로 돌아갔다(행 12:13-15).
- 하나님께서 함께하심에도 두려움에 짓눌릴 때: 두려움에 사로잡힌 엘리사의 사환의 경우를 보자(왕하 6:15-17).
 어쩌면 우리도 하나님께서 우리와 함께 함에도 불구하고 두려움에 사로잡혀 있을 수 있다. 하나님께서는 오늘도 우리에게 말씀하고 계신다. "우리와 함께 한 자가 저와 함께 한 자보다 많으니라"

- 하나님께서 주신 말씀에 실망할 때: 열왕기하 5장에 문둥병을 앓고 있던 나아만의 이야기가 나온다.
- 하나님의 섭리 가운데 행하시는 일에 무지할 때: 비록 지금 당장은 우리가 하나님의 뜻을 알지 못한다고 할지라도, 우리가 지금 겪고 있는 극심한 고난 속에는 우리를 향한 하나님의 깊은 뜻이 있으며, 지금 이 고난의 현장에 우리와 함께 계신다. 비록 당장은 우리가 하나님의 뜻을 알지 못한다고 할지라도!

지성소로 들어가기

하나님의 임재를 체험하기 위해서는 육체의 휘장을 찢어야 합니다. 하나님의 임재를 체험할 수 있는 가장 좋은 장소는 성전의 성소입니다. 바울은 그리스도인의 몸이 성전이라고 하였습니다. 우리의 성전에 하나님이 거하시고 살도록 우리의 육체를 영적으로 수술해야 합니다.

루이스 팔라우라는 복음 전도자는 지금 우리 삶 속에서 어떤 죄의 흔적과 어떤 어두움의 열매가 자리 잡고 있는 것을 수술해야 하는 것을 다음과 같이 열거하였습니다.[79]

- 고백하지 않은 죄를 집어내라. —발전적이며 지속적인 부흥의 비결은 애통함과 회개이다. 우리는 겸손히 성령께서 마음을 살피도록 기도할 필요가 있다.
- 도덕적인 무감각—그리스도인이 범죄할 때 결코 하룻밤 사이에 큰 죄에 빠지는 것이 아니다 일반적으로 죄는 조금씩 침범한다.
- 자아 탐닉—성령 충만한 삶의 가장 큰 적은 무엇인가? 그것은 바로 자신이다. 우리 문화는 자신 숭배에 빠져 있다. 신문, 잡지, 라디오, 텔레비전 프로그램 그리고 끝없는 광고물들은 온통 자신을

---

79) 홍, 박경숙 옮김, 죠이출판사, 2001

선전하느라고 정신이 없다. 세상은 계속 자신을 선전하며, 우리 역시 그렇게 되기 쉽다.
- 반복적인 험담- 험담은 심각한 죄이다. 그리스도인 가정과 교인들을 가장 괴롭히는 것은 험담이다. 험담은 어떤 사람에 대해 단순히 있지 않은 사실을 말하는 것이 아니라 비방하는 것이다. 그것은 어떤 사람에 대해 약점을 알게 되었을 때 그렇게 해서는 안 되는 것을 알면서도 다른 사람에게 말을 옮기는 것이다. 어떤 변명도 하지 말고 헛됨의 죄를 고백하고 중지하라.
- 불신앙-이것은 죄 중에서 가장 심각하고 파괴적인 것이다. 분명한 하나님의 말씀을 들으면서 매우 냉소적인 자세로 의심하는 태도는 주를 모욕하는 것이다!

우리 마음 가운데 냉소적인 부분이 있는가? 하나님께서 분명하게 제시한 약속들을 경멸하지는 않는가?
- 감사하지 않는 마음-우리 대부분은 물질적인 복을 누리고 있지만, 하나님께서 이미 주신 좋은 것들을 기뻐하며 주를 찬양하기보다는 우리에게 없는 것을 가지고 쉽게 불평한다. 나는 감사할 줄 모르는 것이 큰 죄라고 믿는다. 당신이 지금 직업전선에 뛰어들어 있다면 처음에 생각했던 것만큼 성공하지 않았는지도 모른다. 아니면 당신의 가정이 어려움을 겪고 있는지도 모르겠다. 그러나 그런 상황에서 당신이 하나님의 선하심에 감사하는 것을 잊는다면, 그것은 성령을 슬프시게 하는 것이며 당신의 삶에서 성령의 역사를 막고 하나님의 복을 더 이상 받지 못하게 막는 것이다.
- 원망-우리의 문화는 물질주의를 거의 하나의 종교로 삼기 때문에 우리는 아주 쉽게 원망하게 된다. 원망은 끔찍한 죄이다. 자신을 위해서도 기뻐하는 것이 최선이다.

원망하고 싶을 때 다른 사람들과 함께 크게 기뻐하는 습관을 가지라.
- 사소한 불평-부흥은 사소한 불평으로 인해 소멸될 뻔했다.

  태만한 헌금생활-오늘날 우리가 전도와 선교 그리고 지역교회의 지속적인 사역을 위해 헌금을 게을리 한다면 더 나은 하나님의 복을 잃고 말 것이다. 지역 교회에 헌금하고, 세계 여러 곳에서 주를 섬기는 사람들에게 헌금을 보낼 때 나는 진정 축복과 놀라운 기쁨을 느낀다.

- 반복되는 죄를 무시하는 것-어떤 사람들은 거짓말과 화를 불끈 내는 것 같은 시험을 이기는데는 별 어려움이 없지만 육체의 욕망을 다스리지 못해 괴로워한다. 그들은 이 욕망 때문에 반복적으로 죄를 짓게 된다. 반복적으로 짓는 죄는 탐욕, 시샘, 질투와 같은 것들이다. 당신의 반복적인 죄는 무엇인가? 그것을 주께 고백했는가? 후로는 같은 죄를 짓지 않도록 실제적인 조치를 취했는가? 영적으로 성숙한 그리스도인의 도움을 요청했는가? 죄를 짓게 만드는 장소를 적극적으로 피하고 있는가? 승리한 뒤에 교만하지 않도록 조심하고 있는가?

- 사라진 기쁨-당신의 생활에 기쁨이 없는가? 그것은 죄이다. 성경은 우리에게 "주 안에서 항상 기뻐하라. 내가 다시 말하노니 기뻐하라"(빌 4:4) 라고 명령하고 있다. 하나님은 우리가 진심으로 항상 기뻐하기를 원하신다.

- 성적 부도덕-나는 다양한 그리스도인들을 많이 보았다. 내가 알기로 오늘날의 그리스도인들은 성적인 부분에 관해서 표리부동한 생활을 하는 사람들이 많다. 하나님의 뜻대로 순결을 지키지 않고, 그리스도인이라고 고백하는 사람들이 음행과 간음, 심지어는 동성애를 행하고 있다. 그리스도인에게 '왜 복이 없는가? 왜 능력이 없는가? 왜 기쁨이 없는가? 왜 승리가 없는가? 왜 부흥과 변혁

이 없는가? 라고 의아해 한다. 이유는 경건이 없기 때문이다. 우리는 우리의 참 모습을 직시해야 한다.

나는 성적 유혹에 대처하는 것이 여자보다 남자에게 좀 더 어렵다고 생각한다. 당신은 자극적이고 도색적인 잡지를 뒤적이고 싶은 유혹을 받는가? 야한 영화를 보고 싶은 유혹을 받는가? 그런 유혹에 넘어지고 있다면 지금 주께로 나가 죄를 고백하라. 성경은 그리스도인들은 육체와 함께 정과 욕심을 십자가에 못 박았다(갈 5:24)고 말한다. 하나님은 죄를 철저하게 다루기 원하신다. 그런 죄를 조금이라도 허용하거나 즐겨서는 안된다.

- 적의감-모든 사람이 응어리진 적의감 때문에 신경쇠약에 걸리지는 않는다. 그러나 많은 사람이 그것 때문에 삶을 망치는 것을 보았다. 우리는 다른 사람들의 적의감도 하나님 탓으로 돌리기 쉽다. 만약 당신이 어떤 사람에게 적의감을 품거나, 혹은 하나님께 분노를 느끼면 그 즉시 하나님의 신성한 수술을 받게 해달라고 기도하라. 당신 스스로 자신의 죄를 주 앞에 인정하고 고백하는 것이 필요하다.

우리는 우리의 성전 안에 하나님이 임재하시도록 정결케 해야 합니다. 그래야 거룩하신 하나님이 우리 안에 거하고 살 수 있습니다.

히브리서 저자는 다음과 같이 기록하였습니다. "모든 사람으로 더불어 화평함과 거룩함을 쫓으라 이것이 없이는 아무도 주를 보지 못하리라"(히 12:14).

잠잠히 기다림으로

하나님 앞에 고요히 잠잠히 있는 것입니다. "오직 여호와는 그 성전에

---

80) 하나님을 경험하는 기도, p. 67. 68

계시니 온 천하는 그 앞에서 잠잠할 찌어다"(합2:20).

잔느 귀용은 하나님의 임재 안으로 들어가는 방법 중의 하나는 "잠잠히 있는 것입니다" 라고 하였습니다.[80]

하나님 앞에 잠잠히 있을 때에는 기도하는 방법을 서둘러 바꿀 필요는 없습니다. 여유를 갖고 하나님의 임재를 즐기기만 하십시오. 그러면 당신의 영혼은 하나님의 영으로 충만해질 것입니다. 하나님은 당신이 잠잠히 있는 시간을 이용해서 당신에게 말씀하십니다. 듣기란 능동적인 행위가 아니라 수동적인 행위입니다. 그러므로 편안히 쉬십시오. 하나님의 사랑 안에서 안식하십시오. 이 순간 당신이 해야 할 일은 혼신을 다해 내면에서 들려오는 하나님의 고요한 음성을 듣는 것뿐입니다.

마크 버클러 목사님은 하박국 선지자의 하나님 임재의 모델을 다음과 같이 가르쳐 주었습니다.[81]

(1) 주님의 임재 안에 나 자신을 잠잠히 한다. 예배나 영의 찬양이나 성경을 묵상한다. 나의 외면이 잠잠해 지고 내면이 잠잠해 지면 주님 앞에서 나는 비어있는 모습이다.
(2) 내 생각은 내면에 집중하여 내가 예수님과 이야기하는 것을 본다 (내 믿음을 강하게 하고 나를 열어 주면 내 생각이 제거된다).
(3) 주님이 주님의 생각을 성령을 통하여 내 마음에 주신다(고전 2:9-10).
(4) 그분의 영이 내 영과 하나가 된다(고전 6:17).
(5) 성령으로 부터 오는 즉흥적 생각이 내 마음으로부터 생각으로 전

---

81) 팔복교회 집회 강의, 2004. 9.23

해진다.
(6) 즉흥적 생각과 그림을 내 생각이 기록해 낸다. 그분이 말씀하신 것을 다시 살핌으로써 생각이 산만해 지는 것을 방지하고 믿음과 순종이 증가된다. 나는 나중에 분별할 것을 알기 때문에 이때는 자유스럽게 쓴다.
(7) 하나님을 듣고자 할 때 더 이상 밖의 우주를 살피는 것이 아니라 영의 내면에 집중한다.
(8) 어떤 때는 기록하다가 새로운 개념이나 단어에 걸려 내 생각이 거기에 빠지려 할 때가 있는데 나는 다시 예수님께 집중한다. 사람의 생각은 성령을 앞서가서 불순을 야기할 때가 있다. 내가 주님께 집중하면 그분이 나에게 바른 단어와 생각을 마음에 넣어주신다.

믿음으로

하나님을 바라보고, 오직 믿음으로 가는 것입니다. 어느 분들은 하나님의 임재라는 그 행위에만 치중하여 고민 하기도 합니다. 그러나 하나님을 바라보고 믿음으로 가는 것이 필요합니다. 잔느 귀용의 「예수 그리스도와의 친밀함」에서 '오직 믿음으로 걸어 가십시오' 라는 권면을 하였습니다.[82]

당신의 하나님을 바라보십시오! 당신이 하나님께서 얼마나 강하시며 얼마나 능력 있는 분이신 지를 볼 때에, 당신의 연약함을 보는 것은 그리 용납하기 어렵지 않을 것입니다. 당신이 항상 그 분을 신뢰하지 못하고 있거나 또는 그 분의 임재를 항상 느끼지 못하는 것으로 인하여 스스로를 너무 괴롭게 하지 마십시오. 보는 것이나, 당신 자신의 기대감을 의지하지 말고 오직 믿음으로 걸어가십시오. 우리

---

82) 예수 그리스도와의 친밀함, 박선규 옮김, 순전한나드 출판사

가 원하는 것을 쫓아서가 아니라, 하나님께서 우리를 위해 선택하시는 것을 쫓으면서, 함께 걸어갑시다.

하나님의 은혜

하나님의 임재는 하나님의 특별하신 은혜로 체험할 수 있습니다. 베드로가 예수님을 부인하고 저주하였음에도 불구하고 부활하신 예수님이 다시 찾아 오셨습니다. 이것은 베드로에게 베푼 전적인 은혜입니다. 베드로는 예수님의 재림에 대해 말할 때 다음과 같이 말했습니다. "그러므로 예수 그리스도의 나타나실 때에 너희에게 가져올 은혜를 온전히 바랄 지어다"(벧전 1:13).

하나님을 사모하는 사람들 중에 하나님의 임재를 체험하는 사람들이 많습니다. 그러나 간혹 하나님의 전적인 은혜로 하나님의 놀라운 은혜를 체험한 사람들도 있습니다. 우리는 하나님의 은혜를 온전히 소망 하여야 겠습니다. 그래서 하나님의 은혜 안에서 하나님의 영광의 계시를 볼 뿐만 아니라 나아가야 합니다.

브라더 로렌스 수사는 하나님께 나아가는 가장 좋은 방법을 소개할 때 "주님의 은혜를 간구해야 한다"고 다음과 같이 가르쳐 주었습니다.[83]

> 우리는 죄 때문에 낙심하지 말아야 합니다. 오히려 주 예수 그리스도의 무한한 자비하심을 의지하면서 완전한 확신 가운데 주님의 은혜를 간구해야 합니다. 하나님께서는 우리의 모든 행위에 대해서 은혜를 주지 않으시는 일이 없습니다.
>
> 나는 그 은혜를 분명히 알 수 있습니다. 내 생각이 하나님의 임재 의식을 떠나 방황하고 있거나 주님의 도우심을 구하는 일을 잊었을 때가 아니라면, 그 은혜를 느끼지 못하는 일이 결코 없습니다.

---

83) 하나님의 임재 체험하기, pp. 72-73

우리가 하나님의 임재를 더 원할수록, 하나님의 은혜를 더 의지하고 더 구해야 합니다.

우리는 그리스도인으로서 주님의 임재 안에 거하도록 부르심을 받았습니다.

프랜시스 프랜지팬은 이렇게 강조하였습니다. "크리스천으로서 우리는 그리스도 안에 거하도록 부르심을 받았습니다. 그 곳에 하나님께서 그의 왕국에서 우리가 거하는 처소가 되어 주시는 것입니다. 하나님의 영이 우리 안에 거하십니다. 그래서 우리가 그분을 진정으로 바라볼 때마다, 그분이 우리에게 계시될 때마다, 우리의 마음은 점점 더 펼쳐 보여지는 영광 안에서 변해 갑니다. 끊임없이 영광에서 영광으로 그분과 같은 형상으로 화합니다(고후 3:18)."

우리가 기억해야 할 것은 가장 귀하고 소중한 것을 무시하지 않도록 조심해야 합니다. 예수님은 다음의 경고를 한 적이 있습니다. "생명으로 인도하는 문은 좁고 그것을 찾는 자가 적으니라"(마 7:14).

저는 그리스도인에게 가장 최상의 행복한 때는 하나님의 임재 안에 거하는 것이라고 말하고 싶습니다. 브라더 로렌스 수사는 자신에게 일어날 수 있는 최악의 사태를 "그토록 즐겨 오던 하나님의 임재 의식을 잃는 것"이라고 고백하였습니다(하나님의 임재 체험하기, p.70).

다윗은 평생 하나님의 임재를 추구한 사람입니다. 다윗이 얼마나 하나님의 임재를 사모하였는가는 시편을 통해서 느낄 수 있습니다.

> 내가 여호와께 청하였던 한 가지 일 곧 그것을 구하리니 곧 나로 내 생전에 여호와의 집에 거하여 여호와의 아름다움을 앙망하며 그 전에서 사모하게 하실 것이라 (시 27:4).

우리는 하나님의 임재가 쉽게 되지 않는다고 포기하지 말아야 합니다. 때로는 장애물들이 있을 것입니다. 그럼에도 계속 인내와 단순한 믿음으로 하나님께로 나아가는 것을 계속해야만 합니다. 그러면 반드시 하나님의 은총과 자비가 믿음의 역사로 나타날 것입니다. 그래서 하나님의 임재 안에 나를 드리고 하나님을 기쁘시게 하여야 합니다.

이사야 선지자는 오래 전에 다음과 같이 예언하였습니다. "보라 어두움이 땅을 덮을 것이며 캄캄함이 만민을 가리우려니와 오직 여호와께서 네 위에 임하실 것이며 그 영광이 네 위에 나타나리니"(사 60:2).

예수님은 항상 아버지의 임재 가운데 계셨습니다.

> 나는 아버지 안에 있고 아버지는 내 안에 계신 것을 네가 믿지 아니하느냐 내가 너희에게 이르는 말이 스스로 하는 것이 아니라 아버지께서 내 안에 계셔 그의 일을 하시는 것이라 (요 14:10).

항상 하나님의 임재 가운데 계셨던 예수님은 아버지께 구하여 성령님이 영원토록 함께 있게 하시겠다고 약속하셨습니다.

> 너희가 나를 사랑하면 나의 계명을 지키리라 내가 아버지께 구하겠으니 그가 또 다른 보혜사를 너희에게 주사 영원토록 너희와 함께 있게 하시리니 (요 14:15-16).

예수님께서는 우리에게 "언제나 내 안에 머물러 있으라" 명령하시면서, 그러면 예수님이 우리 안에 머물러 있겠다고 약속하셨습니다. 그리고 그 안에 있어야 열매를 맺을 수 있다고 하셨습니다.

> 나는 참 포도나무요, 내 아버지는 농부이시다. 내게 붙어 있으면서 열매를 맺지 못하는 가지는 아버지께서 다 찍어 버리시고, 열매를 맺는

가지는 열매를 더 많이 맺게 하려고 손질하신다.(손질하다와 깨끗하다의 그리스어 어원이 '카타이로' 같음)너희는 내가 너희에게 말한 그 말로 말미암아 이미 깨끗하게 되었다. 언제나 내 안에 머물러 있어라. 그러면 나도 너희 안에 머물러 있겠다. 열매를 맺을 수 없는 것과 같이, 너희도 내 안에 머물러 있지 않으면, 열매를 맺을 수 없다. 나는 포도나무요, 너희는 가지다. 사람이 내 안에 머물러 있고, 내가 그 사람 안에 머물러 있으면, 그는 많은 열매를 맺는다. 너희는 나를 떠나서는 아무것도 할 수 없다. 사람이 내 안에 머물러 있지 않으면 그는 쓸모없는 가지처럼 버림을 받아서 말라 버린다. 사람들이 그것을 모아다가 불에 던져서 태워 버린다. 너희가 내 안에 머물러 있고 나의 말이 너희 안에 머물러 있으면, 너희가 무엇을 구하든지 다 그대로 이루어질 것이다. 너희가 열매를 많이 맺어서 나의 제자가 되면 이것으로 나의 아버지께서 영광을 받으실 것이다. 아버지께서 나를 사랑하신 것과 같이, 나도 너희를 사랑하였다. 너희는 내 사랑 안에 머물러 있어라. 너희가 나의 계명을 지키면, 나의 사랑 안에 머물러 있을 것이다. 그것은 마치 내가 나의 아버지의 계명을 지켜서 그 사랑 안에 머물러 있는 것과 같다(요 15:1-10, 표준새번역).

우리는 예수님의 말씀에 순종하여 하나님의 임재 가운데 거하며 풍성한 축복을 누려야 하겠습니다.

저는 하나님의 임재에 대한 마지막 부분에서 다음과 같이 간절하게 말하고 싶습니다.

하나님의 임재를 경험하여 새로운 변화를 받아 세상에서 예수 그리스도를 증거 할 뿐만 아니라, 거룩한 신부와 친구, 자녀로서의 삶을 살아야 합니다. 그리고 하나님께 영광 돌리는 삶을 살다가 영광에서 영광으로 이르는 하늘나라에서 더 아름답고 더 영광스러운 주님을 뵙고 친밀한 교제를 누려야 할 것입니다.

  저는 여러분에게 마크 듀퐁 목사님이 쓴 책「열린 하늘을 통하여 하나님을 경험하라」에서 하나님의 임재에 대한 결론 부분을 소개해 드립니다.[84]

  성경에 등장하는 수많은 인물들이 하나님과 그 분의 임재를 경험하고 하늘이 열려지는 경험을 하였다는 이유만으로 그들의 삶이 한순간에 바뀌었다. 자신의 죄를 자랑하던 많은 죄인들이 동일한 경험을 한 순간 자신들이 저지른 죄를 증오하는 삶을 살기 시작하였다. 교회를 떠나고 싶어 하던 미지근한 신앙생활을 하던 많은 그리스도인들이 동일한 경험을 하고 나서 몇 일만에 하나님을 신령과 진정으로 예배하는 자들이 되었다. 예수 승천 후 다락방에서 숨어 기도하던 예수님의 제자들이 동일한 경험을 하고 나자 그들은 금방 세상에 나가 예수님에 대해 담대히 외치게 되었고 그 결과 세상의 역사는 바뀌게 되었다. 이들 모든 사람들의 공통점은 단 하나, 그들이 하나님의 임재를 경험하였다는 점이다.

  하나님은 자신의 임재로 우리를 변화시키기를 간절히 원하신다. 우리가 아무리 고난 속에서 힘들어한다고 하더라도 하나님의 임재를 경험하길 원하는 마음만은 놓치지 말아야 한다. 많은 신학자들과 목회자들은 자신들이 가진 신학적인 지식이 많은 것과 교회 성장학에 대해 많이 알고 있는 것을 자랑하며 사람에게서 영광을 구하려고 한다. 그러나 우리는 그렇게 하지 말자. 우리는 인간의 영광을 구하려는 목적이 아닌 하나님의 영광을 구하려는 목적으로, 세상 모든 자랑을 내려놓고, 진정으로 하나님 안에서 즐거워하며 하나님의 임재만을 사모하자.

---

84) 열린 하늘을 통하여 하나님을 경험하라, pp.133-134

우리는 "여호와께서 네 위에 나타나리니" 말씀처럼 하나님의 임재가 어느 때보다 우리에게 놀랍게 역사하는 시기에 살고 있습니다. 하나님의 임재가 가장 친밀함으로 찾아오는 계절에 우리의 마음을 하나님의 타이밍에 맞추어야 합니다. 하나님의 임재를 향한 배고파하는, 사모하는 열망이 우리 마음에 더 새롭게 불붙어야 합니다. 밤이나 낮이나 어느 때에도 우리를 찾아오시는 주님을 기대 할뿐만 아니라 하나님의 임재로 우리가 압도되어 하늘의 영광과 주님의 놀라우심을 체험하는 은총을 누려야 하겠습니다.

프랜시스 프랜지팬 목사님은 지금이 '하나님의 임재를 추구할 시기(A Time to Seek God)' 라며 하나님의 임재 가운데 나아갈 것을 권면하였습니다.[85]

인생에는 많은 계절이 있다. 전도서에는 다음과 같은 기록이 있다. "천하에 범사와 기한이 있고 모든 목적이 이룰 때가 있나니"(전 3:1). 사랑하는 이여, 나는 지금이 주님께로 가까이 나아갈 때이며, 그 분의 임재를 위해 우리의 마음을 준비할 때라고 믿고 있다. 하나님의 임재를 대치할 수 있는 것은 아무 것도 없다.

다윗은 왕이었다. 그의 삶은 많은 책임들로 가득 차 있었고, 그는 많은 것들에 매우 열정적인 사람이었다. 하지만, 그는 다음과 같이 썼다. "너희는 내 얼굴을 찾으라 하실 때에 내 마음이 주께 말하되 여호와여 내가 주의 얼굴을 찾으리이다 하였나이다"(시 27:8).

성령님께서 당신의 더 많은 시간을 원하신다고 속삭이신다면, 주님께서 "내 얼굴을 찾으라"고 말씀하신다면, 당신은 무어라고 대답하겠는가? 사랑하는 이여, 여기에 당신의 영혼을 위한 진짜 전투가 있다. 당신의 승리는 더 많은 상담을 받는 것에 있는 것이 아니라,

---

85) 프랜시스 프랜지팬, 하나님의 임재를 추구할 시기(A Time to Seek God),(모닝스타저널 14-4)

주님의 부르심에 대한 당신의 응답에 있다.

　우리가 하나님을 찾는다면 하나님은 우리를 전혀 두려움이 없는 삶으로 인도하실 것이다.(시 27:1-4) 다윗은 다음과 같이 썼다. "여호와께서 환난 날에 나를 그 초막 속에 비밀히 지키시고 그 장막 은밀한 곳에 나를 숨기시며 바위 위에 높이 두시리로다"(시 27:5).

　지금이야말로 하나님의 임재를 체험하며 살 뿐만 아니라 하나님의 임재를 세상에 전할 수 있는 적기입니다. 하나님께서 우려하시는 것은 예수님 당시의 종교 지도자들처럼 사람의 영광을 구하거나, 영적인 무지로 인해 길 잃은 영혼들을 천국에 들어오지 못하게 하는 영적인 분별력 없음입니다. 오늘날은 어느 때보다 하나님께서 그 임재하심을 우리에게 더 나타내시어 새롭게 찾아오시고, 보여주시는 임재의 계절임을 알아, 인도함을 받고 영적 풍성함을 누려야 하겠습니다.

당신은 치유받기 원하는가?
l체 안l 박선규 옮김

치유에 관해서 우리는 하나님의 방법들에 대한 '왜' 와 '어떻게' 는 알 수 없을지도 모른다. 하지만 우리는 하나님께서 우리에게 기대하시는 것에 대한 '왜' 와 '어떻게' 는 알 수 있다. 이 책에서 체 안목사는 우리로 하여금 다른 사람들의 치유를 위해 기도하지 못하게 하거나 우리 자신의 온전함을 받아들이지 못하게 하는 보통의 오해들과 거치게 하는 돌을 포함하는 혼란한 문제들을 파헤칠 것이다.

하나님의 요새
l프랜시스 프랜지팬l 박선규 옮김

이 책 「하나님의 요새」에서는 고난과 핍박을 당하는 동안에 우리에게 필요한 하나님의 피난처 – 당신의 영혼을 위한 처소 – 에 관한 신선한 계시를 기록했다.
당신이 이 장소를 발견하기만 한다면, 당신은 당신에게 대항하는 모든 고통 혹은 악마적인 음모들로부터 상처를 입지 않고 승전가를 부르게 될 것이다.

상한 마음을 치유하는 기도
l마크 버클러 · 패티 버클러l 김유태 옮김

마크 버클러의 「상한 마음을 치유하는 기도」는 성경에 기록된 치유의 열쇠를 신자들의 삶 속에 효과적으로 적용하기에 적합한 실질적인 책이다. 전인적인 치유를 원하는 목회자와 평신도들에게 좋은 자료가 될 것이며, 제자도와 치유는 결국 기독교 진리의 양면이라는 귀한 진리를 깨닫게 해주는 서적이다.

사업을 위한 기름 부으심
l에드 실보소l 조성국 옮김

예수님은 목수로 시장에서 생활하셨다.
그분의 가르침은 시장에 대한 해박한 지식을 다루고 있다. 에드 실보소는 이 책을 통해 교회와 기업의 지도자들과 함께 사역한 경험을 통해 사업가들이 하나님의 능력과 임재를 경험하고 기름 부음 받는 것을 제시한다.

항상 부족함이 없으리로다
| 롤랜드와 하이디 베이커 | 박선규 옮김

롤랜드와 하이디 베이커는 동남 아프리카에서 가르치고, 훈련하며, 치유하고, 목양하며, 성령님의 역사적이고 주요한 사역을 인도해 가고 있다. 하지만 그들의 지도력보다 더 귀한 것은 하나님과 상처받고 가난한 사람들을 향한 그들의 마음이다. 그들의 결혼 생활과 사역은 예수 그리스도에 대해서 말해 줄 뿐만 아니라, 예수 그리스도를 예증해주고 있다.

광야에서의 승리
| 잔 베비어 | 이동화 옮김

하나님! 당신은 어디에 계십니까? 이것이 당신의 심령의 부르짖음입니까? 이 책은 당신을 긴장시킬 것이다. 그리고 당신이 가장 메마른 시절에 있다하더라도 당신의 생애를 위한 하나님의 비전을 보도록 가르쳐 줄 것이다. 번영할 준비를 하십시오.

예수님 닮은 삶의 능력
| 프랜시스 프랜지팬 | 김유태 옮김

당신은 이 책을 통해 죄악과 싸우는 가장 강력한 무기를 발견한 사람이 될 것이다. 그 무기는 다름아닌 하나님의 은혜와 사랑이다. 하나님께 드리는 간절한 간구는 새로운 희망과 용기를 당신에게 줄 것이다. 특히 그리스도의 삶의 패턴과 당신이 하나님의 은혜의 보좌앞으로 담대히 나아가는 중보 기도자가 되는 것이다.

부서트리고 무너트리는 기름 부으심
| 바바라 J. 요더 | 김유태 옮김

우리 안에 계신 예수님은 우리가 원하는 바를 성취케 하는 기름부으심으로 축복하신다. 앞서 가시며 잠긴 문을 부수고 한계의 벽을 허무는 하나님의 능력이 이 세상에 존재하는 모든 장애물들을 무너트리시는 예수님의 강하심에 당신은 놀라게 될 것이다.

예수그리스도와의 친밀함
|잔느 귀용| 박선규 옮김

잔느 귀용만이 당신에게 줄 수 있는 특별한 방식으로, 주님과 동행하는 실제적인 방법들을 더욱 잘 이해하게 될 것이다. 또한 다른 성도들과 함께 하는 것이 얼마나 귀하고 능력이 있는가 하는 교제의 가치도 밝혀줄 것이다. 이 책에서 당신은 귀용의 영적인 통찰력과 지혜를 발견하고 당신을 현재의 위치에서 그리스도안에서 더 높은 위치로 인도해 줄 것이다.

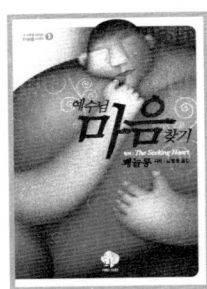

예수님 마음찾기
|프랑소와 페늘롱| 김영준 옮김

잔느 귀용과 함께 서신을 주고 받았으며 프랑스의 대주교였던 프랑소와 페늘롱의 『예수님 마음 찾기』는 오늘 날 진리를 탐구하는 믿음의 사람들을 위하여 깊은 영성의 세계를 제시할 것이다. 21세기를 살아가는 현대인에게 각각의 소제목을 통해 주님의 마음을 구하던 페늘롱의 깊은 영성을 깨닫고 체험하는 시간이 될 것이다.

하나님과 동행하는 사람들
|산볼츠| 이선협 옮김

당신은 하나님의 거룩한 굶주림을 느껴본 적이 있는가!
이 세상에서의 삶을 통해 천국의 상급이 주어짐을 산 볼츠는 담대하게 제안한다.
이 책에서는 천국의 것을 품음으로써, 천국의 것을 실제적으로 가져오는 예수님처럼 열린 천국의 삶을 산볼츠는 사도 바울같이 우리에게 도전한다.

혼동으로부터의 자유
|릭조이너| 박선규 옮김

혼동이 얼마나 광범위하게 당신의 삶을 지배하고 있는 것과 상관없이 당신은 그것으로부터 완전히 자유함을 얻을 수 있다는 것을 확신할 수 있을 것이다. 이것이 이 책의 목표이다. 당신이 어둠과 우울함 속에서 걷는 대신 매일 매일 평안해지는 빛 가운데서 걸을 수 있도록 혼동으로부터 완전히 자유케 되는 것을 돕는다.

횃불과 검
|릭조이너| 이선협 옮김

『빛과 어둠의 영적 전쟁』과 『하나님의 부르심』에 이어서 마지막 시대의 교회를 위한 예언적 환상은 『횃불과 검』(The Torch and The Sword)으로 계속된다. 가장 고귀한 목적을 위해, 가장 위대한 모험 속에서 삶을 불 사르라는 초청이다. 소극적인 사람들을 위한 책은 아니다. 우리 시대의 칠흑같은 어둠에 맞서 물러서지 않을 십자가의 진정한 군병들에게 깃발을 들고 방향을 제시하는 책이다.

악의 속박으로부터의 자유
|릭조이너| 김주성 옮김

예언적 저자인 릭 조이너(Rick Joyner)는 우리가 가진 가장 강력한 무기는 우리 손에 있는 검이 아니라 우리 마음속에 있는 사랑임을 설득력 있게 주장한다. 당신은 가장 확실한 승리가 보장된 싸움에서 당신이 어떤 멋진 역할을 수행할 수 있는지 발견하게 될 것이다.

영광스런 교회에 보내는 메세지 Ⅰ·Ⅱ
|릭조이너| 문금숙·김주성 옮김

교회의 영광스러운 목적에 대한 가장 선명하고 광대한 메시지가 있는 에베소서 1장에서 4장까지를 릭조이너는 예언적인 계시로 풀어나간다. 이 힘있는 구절 구절을 연구한다는 것은 다가올 변혁을 리드해 나가는 교회가 되도록 부름받은 모든 권능과 영광 속을 걸을 사람들을 깨우는 것이다.

우리 혼의 보좌들
|폴 키쓰 데이비스| 이동화 옮김

당신의 최고의 목적은 하나님이 알려주시는 만큼 하나님을 친밀하게 아는 것이다. 에덴동산 이후, 하나님은 완전한 교제를 가질 수 있는 한 백성을 갈망해오셨다. 지금, 영적 목적의 씨앗들이 하나님을 알고 하나님의 영광을 위한 유업을 행하기 위하여 지구의 도처에서 신자들의 마음속에 싹 트고 있다.

하나님의 **아름다움**을
바라보는 축복

지은이 | 허 철
펴낸날 | 2005년 5월 11일
펴낸이 | 이수영
등록번호 | 제 313-2003-00162호
주　소 | 서초구 서초동 1365-7
발행처 | 도서출판 순전한 나드
영업부 | 3471-6701 (mobil phone 010-6214-9129)
홈페이지 | www.purenard.co.kr
인쇄처 | 신우기획
디자인 | 달고은네

ISBN 89-91455-11-5 03230